外贸
交易实务
从外行到内行

邱云生 ◎ 编著

中国铁道出版社有限公司
CHINA RAILWAY PUBLISHING HOUSE CO., LTD.

图书在版编目（CIP）数据

外贸交易实务从外行到内行 / 邱云生编著. — 北京：
中国铁道出版社有限公司，2024.6
ISBN 978-7-113-31103-2

Ⅰ.①外⋯　Ⅱ.①邱⋯　Ⅲ.①对外贸易-基本知识
Ⅳ.①F75

中国国家版本馆CIP数据核字（2024）第055823号

书　　名：外贸交易实务从外行到内行
　　　　　WAIMAO JIAOYI SHIWU CONG WAIHANG DAO NEIHANG
作　　者：邱云生

责任编辑：张　丹	编辑部电话：(010) 51873064
封面设计：宿　萌	
责任校对：刘　畅	
责任印制：赵星辰	

出版发行：中国铁道出版社有限公司（100054，北京市西城区右安门西街 8 号）
网　　址：http://www.tdpress.com
印　　刷：天津嘉恒印务有限公司
版　　次：2024 年 6 月第 1 版　2024 年 6 月第 1 次印刷
开　　本：710 mm×1 000 mm　1/16　印张：14.5　字数：200 千
书　　号：ISBN 978-7-113-31103-2
定　　价：69.80 元

版权所有　侵权必究

凡购买铁道版图书，如有印制质量问题，请与本社读者服务部联系调换。电话：(010) 51873174
打击盗版举报电话：(010) 63549461

外贸是国（地区）与国（地区）之间商品和劳务的交换，分为出口贸易和进口贸易，运进商品或劳务是进口，运出商品或劳务即为出口。我国的对外贸易一直处于较快增长的趋势中，从事外贸行业的人数也在不断增加，越来越多的中小企业也加入进来。

外贸工作涉及事项较多，开发客户、报价询盘、制定合同、签订合约、备货准备、报关报检、货物出运、货款结算、出口退税、风险防范……这些都与外贸业务有关，外贸人员应掌握每项事宜的工作要点和处理难点，才有可能完成一单外贸交易。

但外贸交易并不是即刻就能上手的工作，需要从业人员清楚外贸交易流程，积累交易经验，熟悉各种外贸知识。除了在日常工作中留心工作内容，外贸人员还要进行系统学习，对于外贸交易中那些不得不防范的陷阱更需要提前注意，有所应对。

本书主要包含外贸工作中的必备知识、操作流程、常见问题等内容。通过阅读，外贸从业者可以快速成长，适应岗位工作，在日常工作中高效完成工作任务。

本书共8章。

- ◆ 第1章主要对外贸交易的基础知识进行介绍，包括调研贸易市场、了解岗位职责、学习贸易术语、取得进出口经营权以及开发客户等内容，让读者全面认识贸易活动的意义和运作。

◆ 第2~7章主要从一项外贸交易活动开始到结束，详细介绍其间的重要环节，包括报价签约、生产备货、报关报检、物流安排、交易结算和出口退税。这部分内容可以帮助读者厘清外贸交易的基本流程，为实际操作做好准备。

◆ 第8章主要对外贸业务中可能遭遇的客户信用风险及其防范手段进行详细说明，介绍各种实用的调研防范工具，并介绍如何投保信用保险。

本书的优势在于结合实际的操作和实用工具，将重要知识点步骤化、条理化，用图片、图示、表格和案例丰富内容，增强可读性，降低枯燥感，让读者能够将书中内容运用到实际外贸工作中。

最后，希望所有读者都能从本书中学到想学的外贸交易实务知识，快速达成外贸交易，产生业务量。

编　者

2024年3月

目录

第 1 章　新手学外贸交易基础必备

1.1　外贸基础知识简单了解 2
- 1.1.1　做好外贸调研工作 2
- 1.1.2　利用好调研工具 3
- 1.1.3　外贸业务员的基本工作 6
- 1.1.4　贸易术语系统认识 8

1.2　进出口经营权开启外贸大门 11
- 1.2.1　如何获得进出口经营权 12
- 1.2.2　没有经营权如何出口 13
- 1.2.3　没有经营权如何进口 17

1.3　推销自己是交易的第一步 20
- 1.3.1　搭建自己的网站被人看到 20
- 1.3.2　B2B 平台发布产品 23
- 1.3.3　开发客户的有效方式 24
- 1.3.4　开发信怎么写才能得到回复 26
- 1.3.5　坚持不懈才能有所回报 28
- 1.3.6　参加交易会机会多 30

第 2 章　从报价到签约拿到生意

2.1 专业的报价拉开交易帷幕 34
2.1.1 报价前先了解行市 34
2.1.2 报价考虑哪些因素 35
2.1.3 避开报价误区找准定位 39
2.1.4 编制合适的报价单 40

2.2 签订外贸合同确认订单 43
2.2.1 清楚外贸合同的内容 44
2.2.2 审核合同尽量避免差错 49
2.2.3 合同欺诈的常见手法 51
2.2.4 FOB 合同的常见陷阱 53

第 3 章　确定生产模式备好货

3.1 自产自销备货更方便 56
3.1.1 及时发出备货通知单 56
3.1.2 控制生产进度 57
3.1.3 保证生产质量 61

3.2 外部生产算好时间 64
3.2.1 筹备资金用于交易 64
3.2.2 找好优质货源 66

3.3 包装也是生产的一部分 68
3.3.1 包装有哪些类型 68
3.3.2 包装的注意事项 70

3.3.3　销售包装的标签类别 72

3.3.4　运输包装的三种标志 73

3.3.5　环保包装成为新趋势 75

第 4 章　办理货物的报关与保险

4.1　货物申报顺利出关 77

4.1.1　货物申报具体指什么 77

4.1.2　按流程进行申报 78

4.1.3　熟悉报关单的内容 79

4.1.4　什么是无纸化通关 81

4.1.5　事先取得报关权 83

4.1.6　代理报关如何实施 85

4.1.7　特殊情况需要转关 87

4.1.8　如需退关该怎么办 90

4.1.9　关于截关、截港和截单 93

4.1.10　海关编码传递信息 94

4.1.11　不要忘记货物报检 97

4.1.12　如何申请免检 100

4.2　办理保险规避风险 103

4.2.1　对外贸易保险分类 103

4.2.2　计算保险金额与保险费 108

4.2.3　填写投保单 110

第 5 章 货物的物流安排不简单

5.1 外贸运输细节要知道 117
5.1.1 选择最佳的运输方式 117
5.1.2 海运要租船订舱 120
5.1.3 两大单据如何填写 124
5.1.4 整箱和拼箱两种选择 129

5.2 货代可做备选方案 133
5.2.1 如何挑选货代 133
5.2.2 货代杂费谨慎支出 137
5.2.3 与货代合作的基本流程 141

5.3 准备各项运输单证 142
5.3.1 提单是什么 142
5.3.2 知道怎么填写提单 147
5.3.3 装箱单的基本内容 148
5.3.4 商业发票必不可少 150
5.3.5 出口需申请原产地证 152
5.3.6 关税优惠的原产地证种类 154

第 6 章 外贸结算完成交易

6.1 汇付的两种支付方式 158
6.1.1 电汇操作更方便 158
6.1.2 票汇的使用情况 160

6.2 信用证 161
6.2.1 信用证的分类 161
6.2.2 信用证牵涉多方 162
6.2.3 信用证结算流程 165
6.2.4 认识信用证的基本格式 166
6.2.5 信用证结算的常见风险 171
6.2.6 提高信用证的可靠性 173

第 7 章 出口退税提高企业效益

7.1 满足出口退税前提 179
7.1.1 基本的退税条件 179
7.1.2 退税依据及计算方式 180

7.2 如何办理出口退税 184
7.2.1 办理出口退税备案 184
7.2.2 及时变更退税备案 186
7.2.3 出口退（免）税备案撤回 188
7.2.4 出口退税一般程序 189
7.2.5 企业应如何进行单证备案 192
7.2.6 出口退税票据遗失怎么办 193

第 8 章 外贸信用风险防范须知道

8.1 外贸客户信用风险防范 198
8.1.1 客户信用风险分类 198

8.1.2 签约之前进行客户调查 199
8.1.3 企业官网全面掌握经营状况 201
8.1.4 善用搜索引擎和地图工具 205
8.1.5 解析官网需要好用的工具 207
8.1.6 邮箱反查一查到底 211
8.1.7 专业的背调公司省心省时 213
8.1.8 建立客户授信制度 214
8.1.9 做好应收账款管理 217

8.2 购买出口信用保险 218
8.2.1 了解出口信用保险 219
8.2.2 投保出口信用保险的基本流程 221

第1章

新手学外贸交易基础必备

外贸交易是一种更为复杂的销售活动,从事外贸交易的人员必须对外贸的基础知识有所了解,才能顺利开展工作。从基本的调研工作到取得经营权,再到开发客户推销产品,只有打好基础才能走向正轨。

1.1 外贸基础知识简单了解

外贸即对外贸易,是指一个国家(地区)与另一个国家(地区)之间的商品和劳务的交换,一般有出口贸易和进口贸易两种形式,对运进商品或劳务的国家(地区)来说,就是进口;对运出商品或劳务的国家(地区)来说,就是出口。出口贸易与销售的性质相似,不过销售对象极为不同。

1.1.1 做好外贸调研工作

要做好外贸工作,外贸员首先应对整个贸易环境有所了解,如交易量较多的国家或地区、有需求的消费者分布和竞争对手等。掌握越多的行业信息,越能在外贸岗位做出成绩。因此,外贸员要做好基本的调研工作,需要从以下几方面入手。

(1)行业发展

行业发展决定了贸易工作如何开展,公司生产销售的产品在国际交易中有市场,企业才能从贸易中获得利益。可通过需求量、总出口量、总进口量和总交易额等进行判断,若是需求量减少,交易自然随之减少,生产也要慢下来,企业就要想办法开辟新的贸易方向。

甚至,贸易员要做更加细致的分析,从宏观到微观全面了解,如产品的主要出口地、畅销区域、各地区进口量和待开发地区等。

(2)经济状况

各国及地区的经济状况、生产力水平、产业结构以及消费水平等,外贸员也应进行了解。经济状况越好,外贸交易的成功率越高,成交额也越多。如果某地区的经济水平和消费水平一般,外贸的风险会大大提高,就没有必要浪费时间开展业务。

（3）客户情况

对有可能产生交易的客户，外贸员要提前收集好背景资料，清楚其规模大小、主营业务和仲裁情况，这样无论是联络客户，还是磋商谈判，企业都可做出有效计划，不会全无把握而被对方牵着鼻子走。

（4）竞争对手优劣势

外贸员不仅要了解做生意的对象，还要了解自己的同行，知道其有什么优劣势，才能与之竞争。外贸经营的对手不仅在国内，也包括国外的同行，外贸员可整理成册，记录好其地区、经营状况和市场占有率，以备不时之需。

（5）地区差异

出口商品到某区域，一定要提前了解该区域的外贸政策，当地政府是否大力支持，或是需要取得一定认证条件，只有符合当地的进口条件才能搭建外贸关系，这是基础，是必须要调研清楚的。

1.1.2　利用好调研工具

外贸员想要知道的信息和资料可从不同渠道进行收集，包括国内外期刊、国内外咨询公司、交易会以及互联网。从效率和便捷性来讲，互联网平台是首选渠道，外贸员懂得利用互联网信息收集工具，能节省很多时间和精力。下面介绍一些常见的互联网查询工具。

◆　中国海关统计数据在线查询平台

进入中华人民共和国海关总署门户网站，可在首页找到"数据在线查询"入口。可通过选择商品、贸易伙伴、贸易方式和收发货人注册地四个维度组合查询。提供商品、贸易伙伴、贸易方式以及收发货人注册地的编码和名称对照表，方便使用者选择参数。进入查询页面后，设置好参数，就能得到对应的结果，如图1-1所示。

贸易伙伴名称	贸易方式编码	贸易方式名称	注册地编码	注册地名称	第一数量	第一计量
印度尼西亚	10	一般贸易	35	福建省	513519	千克
日本	10	一般贸易	35	福建省	335880	千克
日本	10	一般贸易	37	山东省	1596	千克
日本	14	来料加工贸易	37	山东省	9126	千克
日本	15	进料加工贸易	37	山东省	49328	千克
马来西亚	10	一般贸易	33	浙江省	15000	千克
马来西亚	10	一般贸易	35	福建省	55420	千克
菲律宾	10	一般贸易	35	福建省	43000	千克

图 1-1　商品出口信息统计

从图 1-1 中可以了解到编码为 03035500 的商品为"冻的对称竹荚鱼、新西兰竹荚鱼及竹荚鱼"，其在 2023 年多数出口到印度尼西亚、日本、马来西亚、菲律宾，以及不同地区的出口数量。得到这些信息，外贸员可了解到出口区域情况、需求量分布等信息，方便寻找客户。

除了针对具体的商品进行查询，该平台还提供了统计资料，包括商品量值表、进出口商品总值表、对外贸易指数和关区统计数据等，使用者可根据需要阅览并下载，了解外贸交易的宏观趋势。如图 1-2 所示为 1～8 月广州外贸进出口情况。

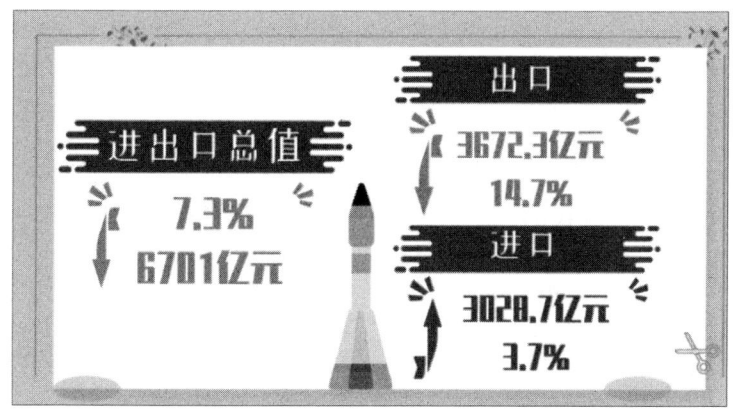

图 1-2　广州关区统计数据

◆ 中华人民共和国商务部国别报告网

中华人民共和国商务部国别报告网，主页按五大洲划分，方便使用者按地区搜寻对应的数据，有助于外贸员快速了解区域贸易情况。

◆ 联合国商品贸易统计数据库

联合国商品贸易统计数据库由联合国统计署创建，是目前全球最大的国际商品贸易数据型资源库之一，每年超过 200 个国家和地区向联合国统计署提供其官方年度商品贸易数据，涵盖全球 99% 的商品交易，真实反映国际商品流动趋势。

在该平台的数据搜索页面，使用者可通过商品编码、出口区域、进口区域以及年份搜寻对应数据，不过需要具备一定的英语能力。

◆ 各国海关官网

不同国家的海关官网会提供相应的国际贸易的各项信息，外贸员若有明确的客户开发区域，可到对应国家的海关官网了解具体情况。

◆ Trade Map

Trade Map（国际贸易中心开发的工具）以表格、图表和地图的形式提供有关出口绩效、国际需求、替代市场和竞争市场的指标，以及进出口公司的目录，涵盖了220个国家和地区以及5 300种（国际商品）统一分类制度产品。

1.1.3　外贸业务员的基本工作

外贸业务员是从事对外贸易业务的销售人员，主要负责进口、出口合同签订和履行。由于外贸的特殊性和复杂性，外贸工作包含面较广，具体可分为以下几项：

◆ 开发客户

客户开发工作是销售工作的第一步，也是开展外贸活动的第一步，通常来讲，是业务人员通过对市场的初步调查了解市场和客户情况，与有需求的客户重点沟通，最终完成目标区域的客户开发计划。

◆ 发布产品信息

除了外贸员自己寻找并开发客户，还可通过发布产品、宣传产品来吸引潜在客户。由于外贸交易要跨国、跨区域，因此常见的做法是将产品信息发布在国际贸易平台上，如阿里巴巴、亚马逊等，或是发布在外贸独立站中，吸引全球各地买家询盘。

而在上传产品信息时，外贸员还要注意对产品图片和信息进行筛选及优化。规模较小的公司，其外贸员还可能要负责企业店铺的管理、运营及数据分析。

◆ 做出产品报价

面对各种询盘信息，外贸员要努力提高最终的成交率，争取将意向客户转化为成交客户，这需要外贸员与客户长期沟通、不断跟进，其中报价是第一步。但报价并不是一个简单的工作，报价太高，客户很可能被吓跑；

报价太低，公司的利益得不到保证。

外贸员需要结合公司成本、运输费用、购买数量和客户规模等因素，给出合理的报价，这是非常考验外贸员能力和经验的。

◆ 持续跟进

要想达成交易，可不是一来一回报价协商那么简单，需要外贸员积极主动地联络客户，为客户答疑解难，尽量满足客户的需求。很多时候可能是费力不讨好，即使花费了很多时间和精力，最后还是难以签单。

因此，筛选客户是外贸员必须要做的工作，在搭建合作关系时，对于成交希望渺茫或是利润微薄的对象，外贸员应懂得舍弃。

◆ 控制生产进度

建立合作关系并签订合同后，外贸员就要着手生产、交货等有关事宜，需要处理以下一些工作：

①邮寄样品、整理订单资料，签订合同或客户下单后再开始正式生产。

②内部下单，控制生产进度，定期了解并汇报给客户。

③若生产延误，要负责向客户解释，减少矛盾，避免损失。

④做好装运准备工作，确定运输方式、提供通关资料、联系货代等。

⑤跟进装运工作，了解货物装运情况、装运拍照、整理物流信息，实时与客户联络，让客户安心。

⑥了解货物签收情况，如有异常，及时处理。

◆ 售后工作

货物发出后，外贸员的工作还没有结束，货物一天没有顺利签收，外贸员都不能放松警惕。若出现数量短缺、质量不过关或货物损毁等情况，还要及时与客户协商解决办法。

即使货物顺利签收,后续的使用情况、市场满意度以及维修问题等,也需外贸员进行了解,以便达成更长久的合作。

对于合作过一次的客户,如果没有大问题,进行二次合作会更容易,这还需要外贸员与客户建立日常联系,了解其后续的订单计划。

◆ 资料整理

好的外贸员绝不会只顾销售,收集整理资料、掌握更多信息同样重要,如潜在客户、合作客户、高质量客户的分类,单据的保管,这些重要资料对成交新订单非常重要,一定不能忽视。

信息拓展 不同国家和地区的经贸新闻

开展外贸活动需与不同国家和地区打交道,对相关国家和地区的最新经贸动向不能不了解。进入我国商务部官方网站,在首页按"机构设置→驻外经商机构"步骤操作,可以查询各国的经贸新闻和动向。

1.1.4 贸易术语系统认识

国际贸易术语(trade terms of international trade)是国际上通用的贸易条件,代表买卖双方承担的义务。承担的义务不同,报价会受到影响。外贸报价一般包括三个元素——价格、货币和贸易术语,为什么贸易术语是报价必不可少的内容呢?

外贸交易由于地理和国别(地区)的差异,导致成交时间长、交易手续复杂、沟通不便,对于双方应承担的责任和义务难免出现互相扯皮的状况,为了减少争议和歧义,在实际交易中逐渐将贸易条件与价格联系起来,有了各种贸易术语。

通用的外贸术语可极大地简化沟通,缩短交易进度。贸易术语主要包含下面两层含义:

①商品的价格构成,除了产品价格之外,是否还包括其他从属费用,如运费和保险;

②确定交货条件,即说明买卖双方在交接货物时彼此所承担的责任、费用和风险的划分。

由于规定贸易术语的国际惯例对买卖双方应该承担的义务做了完整而确切的解释,因而避免了由于对合同条款理解的不一致,在履约中可能产生某些争议。

国际贸易术语的使用通过《国际贸易术语解释通则》进行规范,不过,由于技术发展,贸易术语也在不断修订,本书以2020版为例。具体组成内容见表1-1。

表1-1 国际贸易术语2020版

组别	代码	中文名称及解释	风险转移界限	责任与费用划分
E组	EXW(ex works)	工厂交货(指定地点):指当卖方在其所在地或其他指定地点将货物交由买方处置时,即完成交货。代表卖方最低义务	买方处置货物后	运输费用:买方 保险费用:买方 出口清关:买方 进口清关:买方
F组	FCA(free carrier)	货交承运人(指定交货地点):指卖方在其所在地或其他指定地点将货物交给买方指定的承运人或其他人	货交第一承运人	运输费用:买方 保险费用:买方 出口清关:卖方 进口清关:买方
	FOB(free on board)	船上交货(指定装运港):指卖方以在指定装运港将货物装上买方指定的船舶或通过取得已交付至船上货物的方式交货	货物交到船上时	运输费用:买方 保险费用:买方 出口清关:卖方 进口清关:买方

续表

组别	代码	中文名称及解释	风险转移界限	责任与费用划分
F组	FAS（free alongside ship）	船边交货（指定装运港）：指当卖方在指定的装运港将货物交到买方指定的船边（例如置于码头或驳船上）时，即为交货	卖方将货物交到船边时	运输费用：买方 保险费用：买方 出口清关：卖方 进口清关：买方
C组	CFR（cost and freight）	成本加运费（指定目的港）：指卖方在船上交货或以取得已经这样交付的货物方式交货。CFR价=FOB价+F运费	货物交到船上时	运输费用：卖方 保险费用：买方 出口清关：卖方 进口清关：买方
	CIF（cost insurance and freight）	成本、保险费加运费（指定目的港）：指在装运港当货物越过船舷时卖方即完成交货。CIF价=FOB价+I保险费+F运费，俗称"到岸价"	货物交到船上时	运输费用：卖方 保险费用：卖方 出口清关：卖方 进口清关：买方
	CPT（carriage paid to）	运费付至（指定目的地）：指卖方将货物在双方约定地点交给买方指定的承运人或其他人 CPT=FCA+运费	货交第一承运人	运输费用：卖方 保险费用：买方 出口清关：卖方 进口清关：买方
	CIP（carriage and insurance paid to）	运费、保险费付至（指定目的地）：指卖方将货物在双方约定地点交给买方指定的承运人或其他人。CIP=FCA+运费+保险费	货交第一承运人	运输费用：卖方 保险费用：卖方 出口清关：卖方 进口清关：买方

续表

组别	代码	中文名称及解释	风险转移界限	责任与费用划分
D组	DAP（delivered at Place）	目的地交货（指定目的地）：指卖方在指定的目的地交货，只需做好卸货准备，无须卸货即完成交货。卖方应承担将货物运至指定的目的地的一切风险和费用（除进口费用外）	送达目的地	运输费用：卖方 保险费用：卖方 出口清关：卖方 进口清关：买方
D组	DPU（delivered at Place unloaded）	卸货地交货：卖方在指定的目的地卸货后完成交货	卸货	运输费用：卖方 保险费用：卖方 出口清关：卖方 进口清关：买方
D组	DDP（delivered duty paid）	完税后交货（指定目的地）：指当卖方在指定目的地将仍处于抵达的运输工具上，但已完成进口清关，且已做好卸货准备的货物交由买方处置时，即为交货。代表卖方最大责任	买方处置货物后	运输费用：卖方 保险费用：卖方 出口清关：卖方 进口清关：卖方

需要特别注意，DPU是新生成的贸易术语。这11种不同模式的贸易术语，由于释义不同，因此适合不同的运输方式，主要分为以下两大运输方式：

◆ **任何运输方式或多式联运**：EXW，FCA，CPT，CIP，DAP，DPU和DDP；

◆ **海运或内河水运**：FOB，FAS，CFR和CIF。

1.2 进出口经营权开启外贸大门

进出口经营权是指拥有进出口权的企业，可依法自主地从事进出口业务；无进出口经营的企业，可自行选择外贸代理企业，并可参与外贸谈判等。对于想要从事进出口业务的企业来说，取得进出口经营权是首先要做的事。

1.2.1　如何获得进出口经营权

2022年12月30日起，《中华人民共和国对外贸易法》修改删除了第九条，换句话说，从事货物进出口和技术进出口的企业，不再办理对外贸易经营者备案登记手续，自动获取进出口权，但仍需办理海关登记获取报关权限。具体步骤如下（各地申办流程可能会有差异，需咨询当地的主管部门）：

第一步：海关进出口货物收发货人备案

此部分手续也可在网上办理，进入海关总署"互联网＋海关"平台，在"企业管理和稽查"项目栏中可看到"进出口货物收发货人备案"服务，如图1-3所示。

图1-3　进出口货物收发货人备案

按步骤提出申请，并上传加盖申请人印章的"报关单位备案信息表"，通过海关审核后，取得"海关进出口货物收发货人备案回执"。

第二步：贸易外汇收支企业名录登记

可在外汇管理局办理，也可网上办理。进入"国家外汇管理局数字外管"平台注册登录，网上提交材料进行办理，通常需用到"货物贸易外汇收支企业名录登记申请书""企业法人营业执照"以及海关注册号等相关材料。

第三步：办理电子口岸卡

首先进入"中国电子口岸"官网，在首页"接入指引"栏，单击"中国电子口岸用户入网申请"超链接。

然后跳转页面后单击"接入申请"按钮，进行企业备案，录入法人信息，按流程递交申请。新入网企业会免费获取一套产品，包含一个法人 IKey 卡和操作员 IKey 卡，可自行领取，也可选择快递。

第四步：银行开户

到银行柜台申请外币账户时，先由银行工作人员上门核实公司的实际经营地址，然后预约开户。所需资料通常包括营业执照正本、法定代表人身份证、公章、财务章和法人章等相关材料。

第五步：办理出口退（免）税备案

到主管税务机关办理出口退（免）税备案，所需资料有"出口退（免）税备案表"、电子数据及主管税务机关要求提供的其他资料。

1.2.2 没有经营权如何出口

没有经营权但想要从事出口业务的企业，一般会选择代理出口，即委托有进出口资质的另一家企业（受托方，即代理方）从事出口业务。代理出口需要注意以下四个方面的问题：

①受托、委托双方应事先签订代理出口协议，明确规定经营商品、代理范围、商品交接、储存运输、费用负担、手续费率、外汇划拨、索赔处理、货款结算以及双方有关职责等。

②受托企业经办代理出口业务，不垫付商品资金，不负担基本费用，不承担出口销售盈亏，仅收取手续费。

③受托企业按出口销货发票的金额及规定的手续费率，向委托方收取手续费，作为经办代理出口业务的收益。

④代理出口商品的出口退税归委托方，一般由受托企业负责去主管税务局开立代理出口退税证明，由委托方持证明和出口报关单、出口收汇核销单及代理出口协议副本等文件向税务部门申请办理退税。

在与代理方签订代理出口协议前，一定要明确双方的权利和义务。

常见的协议模板如下：

受托方（以下称甲方）：

委托方（以下称乙方）：

经友好协商，乙方委托甲方代理出口业务，达成如下协议：

一、代理出口的商品说明：

…………

二、甲方的权利和义务

1. 甲方同乙方指定的外方签订外销合同，该合同内容需要由乙方在签订前确认并负责，并经甲方同意。

2. 甲方同乙方指定的供货方签订购货合同或三方购货合同，该合同内容需由乙方在签订前确认并负责，并经甲方同意。

3. 按照乙方提供的货物数据及时制作出口报关运输及随寄需要的发票、装箱单、货运委托书、保险单等单据。

4. 在自身能力允许的情况下，对需办理出口配额和许可证等的货物，在受到乙方委托后应该积极予以办理各种手续，及时取得有关单证，但免除不能及时取得有关单证的责任。

5. 货物若需甲方负责商检，甲方应及时认真做好商品的商检通关工作，以免延误通关等后续工作的进行。

6. 在甲方负责报关运输的方式下，积极联络货运代理公司进行订舱、保险等事务，保证出口货物安全、及时顺利的出口清关，不延误指定装船日期，但货物的真实性由乙方负责。

7. 及时做好货款在各种方式下的结汇工作，按约定的结算方式同乙方进行结算并规定比例收取代理费。

8. 做好货款的核销工作，及时收回外汇核销单及出口报关单，在规定的期限内完成外汇核销。

9. 若货物需退税的，在收到乙方提供的按退税机关规定的完整的退税凭证后应及时完成退税工作，按协议的结算款项同乙方结算。

三、乙方的权利和义务

1. 对甲方同外方及供货方签订的协议内容负责，并承担不能完成协议的一切后果。

2. 按时、按量、按质准备货物，货物备妥后及时把规格、数量、质量、包装、毛净重等数据告诉甲方，以便甲方及时制作各种单据。

3. 对需要出口配额及许可证的货物，应办理相关的申请手续，甲方予以协助完成。也可以委托甲方在能力范围内予以全权办理。但承担甲方不能及时取得这些单证的后果。

4. 若由乙方负责货物的商检、订舱、保险及海关清关等工作，乙方应同时承担由此所产生的各种费用，并保证报关单据上的货物与实际装船出口的货物在品质、规格、数量上的完全一致，负责承担由此产生的一切责任和后果。

5. 应积极催促外方在指定的期限内（装船报关以前）将货款汇入甲方的指定账户，并承担不能收到外汇货款的一切责任和后果。

6. 按协议规定与甲方进行货款计算和支付出口代理费（结算方式单独列项）。

四、结算约定

1. 甲方按照乙方出口货值的 1% 征收出口代理费。

2. 乙方同时承担货款在结算中已方所产生的银行费用、清关费用及运输费用。

3. 对于外汇的折人民币汇率按甲方在银行结汇时提供的结汇汇率为准。

4. 具体资金支付

A. 在 T/T（电汇）方式下，甲方在收到外方的外汇货款并按汇率折算人民币后，甲方遵循乙方指令将国内采购货款汇入乙方的指定账户，乙方将负责提供规定数额的经税务部门验证通过的增值税发票。扣除双方约定的杂费后（如代理费、银行费用、利息、办证费等），剩余利润由甲方汇入乙方指定账户，乙方不提供任何发票。

B. 在 L/C（信用证）和托收方式下，甲方将全套准确有效的单据交到指定的议付银行后，在外汇货款进账并按汇率折算人民币后，甲方遵循乙方指令将国内采购货款汇入乙方的指定账户，乙方将负责提供规定数额的经税务部门验证通过的增值税发票。扣除双方约定的杂费后（如代理费、银行费用、利息、办证费等），剩余利润由甲方汇入乙方指定账户，乙方不提供任何发票。甲方交给银行的单据不管是甲方还是乙方制作的，必须通过乙方确认，同时乙方将对由于单据不符等原因造成不能得到银行偿付的情况承担责任和由此产生的一切后果。

5. 甲方将退税金额在出货完毕后连同所有剩余利润（扣除国内采购货款、代理费、银行费用、利息、办证费等后的剩余）一并汇入乙方指定账户。

五、其他约定条款

…………

为了规避风险，企业在选择代理商时一定要慎重，主要考虑以下一些因素：

①代理公司的实力和经验决定了合作的下限，外贸员不必找规模很大的公司，但一定要注意经营年限，从业年数越长，风险越小。当然资金状况

也需要了解，后期会涉及退税问题，资金链正常的公司可垫付退税。

②选择纯代理的公司安全性更高，若是又有代理业务又有自营业务，难免业务杂乱。

③需考虑收费是否透明，费用项目一定要逐一列清，避免后续因为隐藏项目而多支付钱款。

④代理公司的业务能力往往决定了出口效率，考察其业务能力可从两方面入手：一是全面，是否能负责出口各个环节的工作，如通关、外汇、清关、投保、运输和退税等；二是专业，可体现在通关时间的长短、出口各环节的衔接上。

⑤查看有无 AEO（authoried economic operator，经认证的经营者）高级认证，认证企业可以享受通关便利，包括减少单证审核、适用较低查验率、优先查验和通关快速等。

1.2.3　没有经营权如何进口

若是公司需要进口货物但却没有资质，需要寻找进口代理商，可接受企业委托，代办进口贸易服务，向委托方收取佣金。代理商一般不承担信用、汇兑和市场风险，不拥有进口商品的所有权。进口代理商大致可分为四种类型，见表1-2。

表1-2　进口代理商类型

类型	具体内容
经纪人	经纪人是对提供低价代理服务的各种中间商的统称，主要经营大宗商品和粮食制品的交易，在初级产品市场是重要的中间商
融资经济商	这类代理中间商不仅具有一般经纪商的全部职能，还能为销售、制造商生产的各个阶段提供融资，为买主或卖主分担风险

续表

类型	具体内容
制造商代理人	指接受出口方制造商的委托，签订代理合同，为制造商推销产品、收取佣金的进口方中间商。一般不承担信用、汇兑和市场风险，也不负责运输事宜
经营代理商	经营代理商与产品制造方的供应商签订独家代理合同，在境内开展业务

与进口代理商合作，自然也要签订进口代理协议，需要确定货物所有权、关税和清关运输手续这三大问题。

下为进口代理协议常用模板：

甲方（委托方）：　　　　　　　　乙方（受托方）：

_____（以下简称甲方）与_____（以下简称乙方）就海运进口货物的清关及运输事宜，经双方友好协商，达成协议如下：

一、甲方的责任与义务

1. 甲方需在货物到达海港前（近洋船抵港2日内），向乙方提供进出口货物完整真实的相关文件（加盖公司印章）。

2. 甲方应保证在接到乙方提供的关税、增值税税单正本或副本后，24小时内提供限额支票。

3. 若由于甲方不能提供进出口货物单据或用以缴纳进口关税及增值税的限额支票而产生的相关费用，如滞报金、滞箱费、港口费、滞纳金、转栈费等，经甲方确认后由甲方承担。

二、乙方的责任和义务

1. 乙方将负责甲方的换单、报关、纳税、海关验货、商检、卫检、动植检、陆运等所有清关及运输手续。

2. 在单据齐全、税款及时到位的情况下，乙方负责在货物到港后的5个工作日（最迟不超过7个工作日）内送货到甲方指定地点。

3. 由以下原因造成的延迟提货，不追究乙方责任。

（1）海关对货物申报有异议，甲方未及时提供相关资料配合乙方申报。

（2）海关在货物检验中提出问题，未及时解决。

（3）货物已通关放行，因甲方原因而延迟提货（甲方书面认可）。

4. 乙方需将所有问题的文件及时通知甲方，由于乙方未及时通知甲方而造成的损失由乙方承担。

5. 乙方应在货物运到甲方厂区或指定地点的其他地点前24小时内通知甲方，以便甲方安排卸货。

6. 乙方应保证货物在陆运途中的安全。如所运输的货物为有害化学品或危险品，需采取相应的措施，以保证不因意外事故而对环境造成危害；如因运输原因对货物造成的损坏或因运输不当而产生的其他不良影响，甲方有权向乙方提出索赔。

7. 乙方需在提货后7日内向甲方提供报关单原件并返还甲方提供的相关政府批文。

三、收费标准

1. 集装箱货物收费标准

（1）20英尺集装箱，包干费_____元；40英尺集装箱，包干费_____元。（以上包干费包括：港杂费、商检费、动植物检疫费、卫检费、回空费、陆运费、报关费、劳务费、通关费、普通换单费。以上包干费不包括：海运提单换单费、海关验货摆箱费、特殊货物熏蒸费、消毒费、洗箱费以及非乙方责任造成的修箱费、转栈费、滞箱费、滞报金）。

…………

2. 拼箱货物收费标准

（1）每票货物包干费_____元（包括报关费、劳务费、通道费、录入费、三检提货手续费、仓储费、陆运费）。

（2）换单费实报实销。

四、结算方式

乙方应于每月____日前将本月账目清单（实报实销提供发票）送交甲方，

甲方接到账目清单核对无误后通知乙方开具正式发票，发票开具后10日内付款。

五、未尽事宜双方本着互惠互利的原则友好协商解决。

六、本协议自甲乙双方签字之日起生效，有效期___个月。

七、本协议一式两份，甲乙双方各持一份。

1.3 推销自己是交易的第一步

除了自动找上门来的询盘，外贸员还要懂得向外推销自己的产品，变被动为主动，提高成单率。至于如何推销自己，由于线下推销较难实现，因此互联网的利用变得非常重要。

1.3.1 搭建自己的网站被人看到

搭建自己的网站能最大限度宣传品牌，与外国客户建立更长久的关系。但是搭建网站较为复杂，有的企业会请专业的团队搭建。对于人手和资金都有限的公司来说，可能外贸员也需要学习如何搭建网站。具体来说，网站搭建可分为以下几个步骤：

（1）注册域名

注册域名是建立网站的第一步，企业最好购买域名，域名所有权在自己手中更有底气，也能更好地开展业务。域名的选择对于传播企业产品和知名度也有很大影响，尤其是面对海外客户，域名的可读性非常重要。域名的选择技巧见表1-3。

表1-3 域名选择技巧

分布	技巧	具体内容
域名后缀	本土化	国际化或贸易地区的本土化域名是进行海外市场开拓的域名首选 ".com"仍然是最重要的国际化域名,但资源有限;".asia"等可直接突出地区,针对性更强,带有地区特色
	通用性	可选择具有普遍性的域名后缀,如".global(全球的)"".top(顶级的)",或者结合企业特性选择".tech(科技)"".trade(贸易)"等类型
域名	行业特性或品牌特性强	可考虑使用"行业名称""公司品牌"的英文缩写或全写形式搭配恰当的域名后缀
	国际化	切忌使用汉语拼音,可考虑加入"global""intl""international"等国际化词汇或加入贸易地区的本土缩写,如"india""asia"等组合域名
	符号元素	添加"-"连接线等元素,让海外用户接受较长的域名拼写

申请域名的渠道和平台有很多,包括百度云、腾讯云和阿里云等,如图1-4所示为百度智能云域名服务平台,提供查询、注册和购买服务。

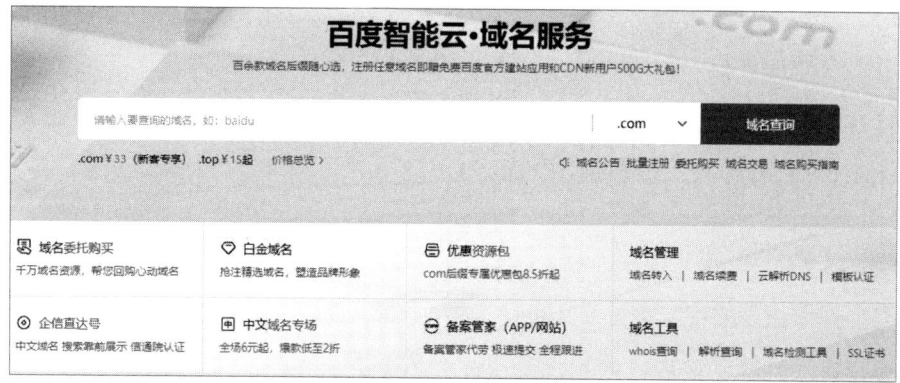

图1-4 百度智能云域名服务平台

（2）确定网站主题

网站的搭建目的决定了网站内容的选择，因此搭建者需要考虑清楚以下问题：

- ◆ 企业的整体印象是什么？
- ◆ 网站的主体是产品还是品牌？
- ◆ 主要面向哪个区域？主要面向哪类人群？
- ◆ 经营活动有无行业特征？
- ◆ 网站基本风格是什么？

想明白这些问题，才能确定网站的主色调、结构分类以及内容主次，后续的工作也不会是空中楼阁了。

（3）网页制作

网页是网站的组成部分，网页设计能有效体现内容，帮助企业呈现好的形象，展示自身特色，因此选择专业的人员负责更能体现出网页制作的效果。

（4）网站推广

网站建立后，就要想办法提高访问量，让网站内容被更多人看到，有效的办法是在社交平台或自媒体上分享网址，国外流量较大的平台有LinkedIn（领英）、Twitter（推特）等。

（5）优化维护

网站建立不是一劳永逸的事情，需要不断地优化内容、维护运行，所以需要将网站维护变成日常工作，这样才不会因为长时间不更新而被市场淘汰。很多网站都是因为没有及时更新，客户使用不便，从而导致客户流失。

1.3.2　B2B 平台发布产品

B2B 平台是电子商务的一种模式，是专门针对企业间的商务交流平台，多数没有建站的企业都是在 B2B 平台发布产品信息，与国外客户沟通的。如图 1-5 所示为阿里巴巴国际站首页。

图 1-5　阿里巴巴国际站

表 1-4 对一些常见 B2B 平台进行介绍，以便在实际工作中作出准确的选择。

表 1-4　常见的 B2B 平台

B2B 平台	特点
阿里巴巴国际站	该网站是外贸企业的首选平台，使用基数大，可上传的产品类型也非常多，只是投入的成本较大
中国制造网	该网站的用户量较大，且相对来说成本不高，是很多中小型企业的选择
伊西威威（ECVV）	主要在机械、设备、五金、建材、照明、交通电子和电器等行业比较知名。不仅提供产品展示服务，还能在网站上展示公司的热门产品目录
环球资源	网站提供贸易展览信息、商业匹配服务等，也可以发布产品信息，在线询盘非常方便

在 B2B 网站中上传产品信息时，外贸员需要注意以下问题：

①产品名一定要精准、正确，保证能被目标买家搜索到，尤其是在对英文描述不熟悉的情况下，外贸员一定要查询清楚。

②产品描述全面但详略得当，注意突出产品的特殊之处，这是能让买家询盘的关键。

③价格设置要参考网站其他用户，过高的定价会直接被买家踢出交易。

④产品展示多元化，选择美观的图片，从整体到细节展示产品，还可以上传视频，目前很多 B2B 网站都支持。

1.3.3 开发客户的有效方式

外贸工作应是展示自己与开发客户双线进行，开发客户可通过不同的渠道进行，哪种渠道适合自己，这需要外贸员在实际工作中自行体会，一般选择成交率高的渠道作为自己的主要开发渠道。下面来具体介绍：

（1）搜索引擎

无论什么时候，搜索引擎都是人们获取资源的有效工具，不过要尽量缩小搜索的范围，因此需选择恰当的关键词并进行组合，大致有如下一些方式：

B2B 网站高频搜索词：B2B 网站是买家和卖家浏览频繁的网站，此类网站的高频搜索词代表买家的需求。

进口商法：通过搜索"品名 +importers（进口商）"组合关键词，能得到不同的产品进口商信息，若再加上地域限制，如"toy importers in USA（美国玩具进口商）"，就能获得更精准的进口商信息。

经销商法：这种方式与进口商法异曲同工，只是买家对象有差别，通过搜索"品名 +distributors（经销商）"得到对应信息。

当然，除了搜索引擎的查询功能外，地图搜索功能同样能帮助寻找客户。以百度地图为例，在搜索框中输入"定位区域 + 产品关键词"，就能在地图上看到有关店铺的分布，还可通过街景图查看内外部环境，了解店铺性质和联络方式，如图 1-6 所示。

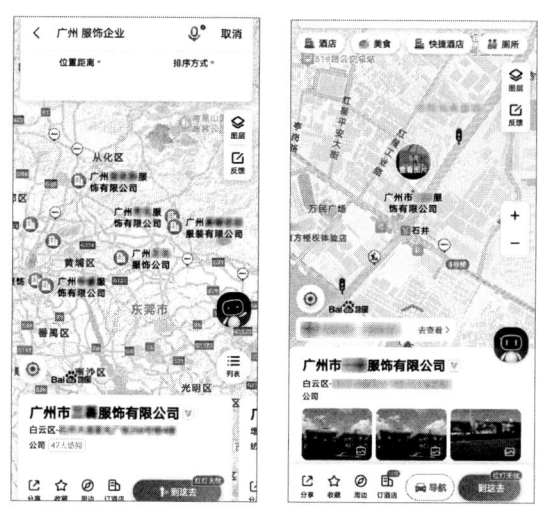

图 1-6　地图搜索定位店铺

（2）社交网站

社交媒体的发展让线上联系变得更加方便，外贸员可以利用不同的社交软件获得对应的信息，如 LinkedIn（领英）、Twitter（推特）、Instagram（照片墙）和各行业论坛以及外贸圈等，现在很多企业都会在社交媒体上注册官方账号，外贸员可以主动搜寻并联络。而外贸论坛上则会经常发布一些客户信息，外贸员需做好日常客户信息积累工作。

（3）视频网站

外贸员可以登录国外的一些主流视频网站，如 YouTube（油管）、vimeo（维密欧）等，上面同样有很多进口商和批发商的官方账号，也许可以满足企业对外销售的需要，外贸员可以进行有效筛选。

（4）黄页网站

黄页网是电子与信息技术领域术语，将传统黄页搬到网上，利用互联网为载体，在网上发行、传播、应用，逐渐变成一个领域中的信息库。国外有很多黄页网站，收集了不同行业的各种企业信息，外贸员可加以利用。

1.3.4 开发信怎么写才能得到回复

开发信是一种外贸术语，就是外贸业务员给客户发送寻求合作的邮件，主要介绍自己公司的产品、服务及优势，潜在的国外客户收到邮件、信函后，如有意向，则会与外贸业务员进一步沟通，最终确立购买合同。

开发信要在客户对企业不怎么了解的情况下打动对方，必须运用一些写作技巧，如图 1-7 所示。

主题明确
邮件的格式首先突出的便是主题，主题明确又有吸引力，阅览者才会打开，所以外贸员要注意主题的精练，以及能否表达核心内容。

言简意赅
如果客户一打开邮件就是长篇大论，可能阅读的兴趣已经减去大半。外贸员一定要控制开发信的篇幅，写完后注意删减那些多余的、可有可无的内容，用语也尽量选择简单的词汇。

使用被动语态
注意英文的表达习惯，被动语态更显委婉谦虚，如同一个意思，"We'll send you the samples tomorrow" 就不如 "Samples will be sent to you tomorrow" 更易让人接受。

语气委婉
可使用 "please, help, kindly, could, thank you, appreciate" 等词汇，表达委婉的语气，也能显得友好亲切，拉近与客户之间的距离。

图 1-7 开发信书写技巧

下面来看开发信的书写模板，外贸员在借鉴的同时，一定要注意区分，针对自身情况突出不一样的地方。

中

亲爱的朋友，

很高兴听到您想购买××。我们专门从事这个领域已经几年了，凭借××的力量，我们有良好的质量和相当有竞争力的价格。

如果您有任何问题，请不要犹豫与我联系，我们将免费寄送样品供您评估！

谢谢并真挚问候，

罗斯

××公司

电话：××

传真：××

邮件：××

英

Dear friend,

Glad to hear that you're on the market for ××. We specialize in this field for several years, with the strength of ××, with good quality and pretty competitive price.

Should you have any questions, please do not hesitate to contact me. FREE SAMPLES will be sent for your evaluation!

Tks & br,

Ross

××company

Tel:××

Fax:××

Mail:××

信息拓展 Trade Lead 与开发信的不同

Trade Lead 通常发布在电商网站上,是买卖双方留下的供求信息,也对基本的资料和情况做介绍,并不针对任何对象,只发出请求,所以与开发信有较大区别,开发信应该更慎重,更有针对性。

1.3.5 坚持不懈才能有所回报

开发信只是一个开始,要想真正建立合作关系,还需要外贸员坚持不懈地发送邮件,传递合作意愿,但没有技巧的联络只会让客户不胜其扰,所以外贸员的坚持也要用对地方。

由于外贸员发布开发信都是采取广撒网的形式,因此邮件的针对性在一开始并不强,主要还是以突出自身为主,标题的选择、正文的内容和布局是否能打动大多数客户,这是外贸员摸不准的,所以要根据客户的反应来摸索并修改。

在发送邮件前后,外贸员可运用以下一些措施增强开发信的作用,找对坚持的方向。

◆ 小范围测试

在发布邮件前,外贸员无法清楚最终效果,先小范围测试一下是明智之举。如果效果好,可扩大范围发送;如果效果不好,及时修改才是上策。具体操作如下:

①准备两封产品相同、表达方式不同的开发信。

②分别发给不同的客户,但发出的数量相同,如选择 100 名客户,分

别发出 50 封开发信。

③查看最终的询盘数量，如 A 信收到 8 封询盘，B 信收到 3 封询盘，则 A 信应该更能发挥效用。如果两封信得到的询盘都少，则应考虑重新编写开发信。

除了询盘数量，还可以通过点击率和打开率比较开发信的效果。

◆ 数据收集与分析

大规模发布开发信后，外贸员一定要注意数据的收集，有利于指出后续的工作方向。如分阶段统计开发信数量与询盘数量，见表 1-5。

表 1-5　不同国家和地区开发信数量与询盘数量对比

第一周		
国家和地区	开发信数量（封）	询盘数量（封）
美国	1 000	30
法国	1 000	21
日本	1 000	20
韩国	1 000	12
新加坡	1 000	5

表 1-5，不同国家开发信数量相同，而询盘数量却有差别，外贸员可将询盘数量最高的区域看作重要的开发市场，继续发出针对性更强的邮件，成功率会更高。

而为了了解企业推销的产品究竟哪一款受市场青睐，可通过表 1-6 进行预测。

表 1-6　各款产品开发信数量与询盘数量对比

第一周		
产品	开发信数量（封）	询盘数量（封）
款式 1	500	8

续表

第一周		
产品	开发信数量（封）	询盘数量（封）
款式 2	500	23
款式 3	500	47
款式 4	500	15
款式 5	500	3

从上表可以看出，款式 3 的询盘数量最多，说明该款产品有一定的市场，因此后续的开发信应该着重体现款式 3 的优势。

◆ HTML 邮件

为了提高邮件的吸引力，外贸员可以选择改变传统的邮件形式，发布 HTML 邮件也是一个不错的方式。HTML 邮件是指像网页一样的邮件，包含有 HTML（超文本）链接，单击链接可以跳转到其他页面，可以有图片、声音等。对比普通的文本邮件，HTML 格式的邮件使得邮件内容多姿多彩。

1.3.6 参加交易会机会多

外贸交易会是买卖双方线下交流的一种形式，比起线上发布询盘或是发送开发邮件，这种各方因开展贸易活动而来的碰面更能达成友好合作。我国的外贸交易会每年春秋两季在广州举办，广交会以出口贸易为主，也做进口生意，还可以开展多种形式的经济技术合作与交流，以及商检、保险、运输、广告和咨询等业务活动。

外贸员可关注每年的举办时间，做好参展准备。展会有线上展会和线下展会，外贸员如何寻找线上展会呢？

前面提到过的不少电商平台都有提供线上展会，下面具体介绍一个综合性展会平台——MatchupExpo，图 1-8 为平台首页。

图 1-8 MatchupExpo 平台首页

该平台虽然是综合性电商平台，但重点开发线上展会服务，在搜索栏上方提供了产品、供应商、展会和报价请求等搜索项目，用户可以直接对展会进行搜索。而在主页中间位置直接优先展示了近期展会，如图 1-9 所示。

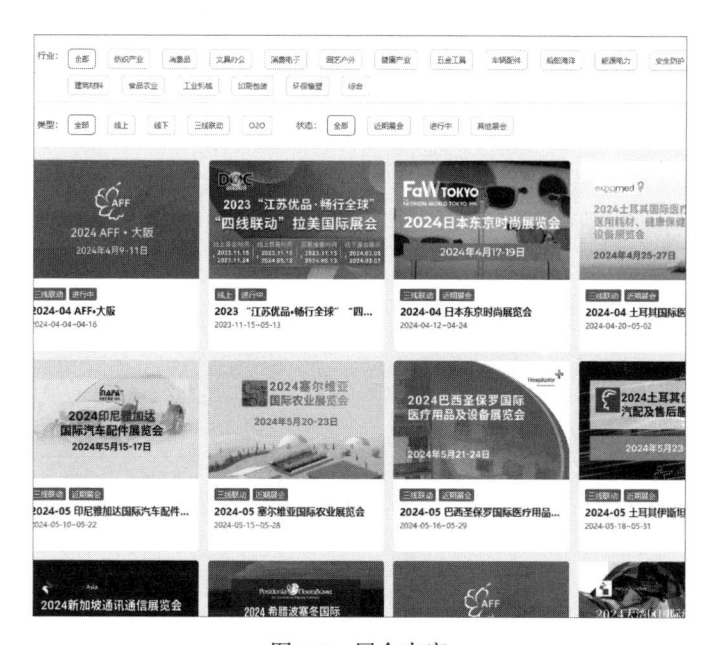

图 1-9 展会内容

用户若看到自己关注的展会可直接单击进入，查看具体的展会信息，参与展会活动，如图1-10所示。

图1-10　具体的展会信息

第2章

从报价到签约拿到生意

外贸交易并不是一蹴而就,需要循序渐进,而开始交易的契机便是询盘报价,交易双方需要传递交易的意向,才能有进一步的发展。如何展开报价?外贸员需要掌握一些技巧,如考虑市价、了解报价的组成,这样才能顺利打开交易的大门,从报价走向最终的签约。

2.1 专业的报价拉开交易帷幕

买家询盘后，双方的交易算是正式开始了，这时外贸员要进行报价。为了掌握主动权，需要深思熟虑，充分准备后再报价，一味咬着固定价位不松口只会丧失很多成交机会，得不偿失。

2.1.1 报价前先了解行市

市场中的产品价格都是有一定规律的，不可能有同类产品高出或低于市价很多，图 2-1 为阿里巴巴国际站中婴儿裙的售价一览。

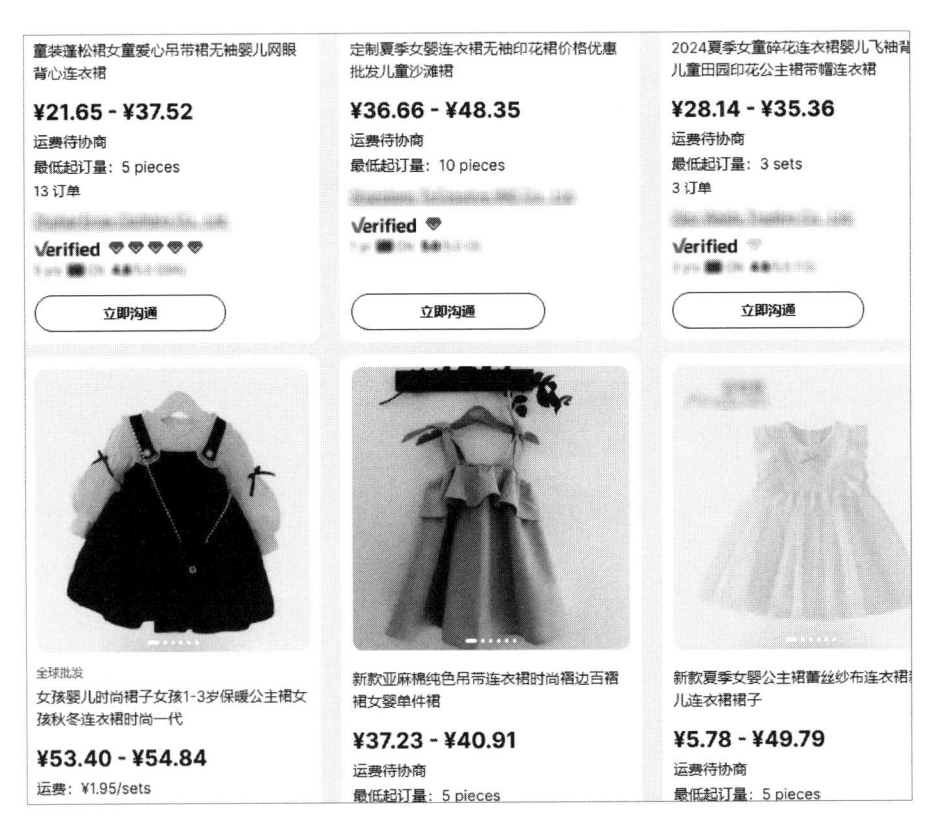

图 2-1 婴儿裙产品展示页

从图 2-1 中可以看到产品价格多数在 20 ～ 40 元，受市场限制，企业不能随意报价。除了解行市，外贸员还要对询盘对象具体分析，当然要控制时间，久不报价很容易消耗客户的耐心，一小时内回复即可。那么，外贸员主要分析哪些方面呢？

①客户规模，如果是大型公司或上市公司，可以稍微提高报价。

②客户所在国家经济水平和消费水平，以及有无外贸政策优惠，这些可以在海关网站上查询。一般来说，对发达国家报价稍高，发展中国家次之，落后区域最低。

③客户的性质，如商铺、网店、工厂、经销商，不同的客户对利润的算法不同，小本经营更看重单价，而大型工厂可以走量销售。

④客户经营年限，了解其是否可发展为长期客户，长期客户可以降低报价留住客户。

除此之外，公司的新品往往报价更高，优势也更明显。总之，外贸员在报价前应先将客观因素和环境趋势了解清楚，再思考更具体的问题。

2.1.2　报价考虑哪些因素

报价的因素不仅包含一个价格数字，还包括货币种类和价格术语，这三大要素缺一不可，下面就后两类要素作详细说明。

（1）价格术语

报价其实是在核算清楚自己的成本后，加上自己想要的利润，报一个价格给对方，至于利润是 10%、20% 或 30% 就要根据实际情况综合考虑了。而成本的计算要与价格术语结合在一块，因为不同的价格术语中包含了各种额外费用，这是不能忽略的。如下例为某报盘邮件的部分内容：

中 我方报价为每台收录机人民币 260 元，天津离岸价，6 月 12 日装运，不可撤销即期信用证支付。

英 Our offer is RMB260 per set of tape recorder, FOB Tianjin, for shipment on June 12, for payment by irrevocable sight L/C.

卖方给出的价格术语为"FOB Tianjin"，即天津港船上交货价，货物在天津装船后，卖方的责任就卸下了，而且不承担保险费和运费。如果将价格术语换为 CIF，卖方就要承担保险费和运费了，因此 FOB 条件下的货物单价一般会低一点。

由于第一章对贸易术语有了较为详细的介绍，因此这里简单介绍三种外贸交易中常用的报价术语以及各自的价格构成。

FOB= 生产 / 采购成本 + 国内费用 + 净利润

CIF= 生产 / 采购成本 + 国内费用 + 国外运费 + 国外保险费 + 净利润

CFR= 生产 / 采购成本 + 国内费用 + 国外运费 + 净利润

在净利润相同的情况下，可以看出 CIF 价 > CFR 价 > FOB 价。选择不同的价格术语，价格自然要跟着变化。而国内费用则指一些需要企业负担的杂费，包括税费、拖车费、报关费、文件费、集装箱码头装卸作业费（THC）、商检换单费和预支费等，这些费用都是需要提前考虑的。

（2）汇率

由于面对的是国外客户，外贸员报价时一般会选择外币作为币种，报价也是根据汇率换算得到的，这就会涉及外汇牌价，外贸员需对此有所了解。

外汇牌价（exchange quotation），即外汇指定银行外汇兑换挂牌价，是各银行（指总行，分支行与总行外汇牌价相同）根据中国人民银行公布的人民币市场中间价以及国际外汇市场行情，制定的各种外币与人民币之间的买卖价格。外汇牌价实时变动，即使同一天牌价也有所不同。

在我国，外汇牌价采取以人民币直接标价方法，即以一定数量的外币折合多少人民币挂牌公布。每一种外币都公布四种牌价，即现汇买入价、现汇卖出价、现钞买入价和现钞卖出价。进行外贸交易，只需关注现汇买入价和现汇卖出价。

现汇买入价（汇买价）：银行买入现汇时的牌价，企业收到国外客户的外汇款后，需要按此价格结算成人民币。

现汇卖出价（汇卖价）：银行将外汇卖给客户的牌价，即客户到银行购汇时的牌价。企业要支付货款时需要用人民币向银行兑换外汇，然后划给客户。

信息拓展 现汇与现钞的区别

银行的外汇存款分为现汇（外汇户）和现钞（外钞户），而且这两者兑换人民币的汇率存在着一定差别。现钞主要指由境外携入或个人持有的可自由兑换的外币，如美元、日元、英镑等；而现汇作为账面上的外汇，转出只需进行账面上的划拨即可，所以比之现钞，银行可以节省一定的现金保管费和海外调运费用，故其价格一般更低些。

外汇牌价时时刻刻都有变化，外贸员报价前还需查询最新的外汇牌价，具体可在银行官网查询，如进入中国银行官网，在首页即可找到"金融数据"区域的外汇牌价入口，如图2-2所示。

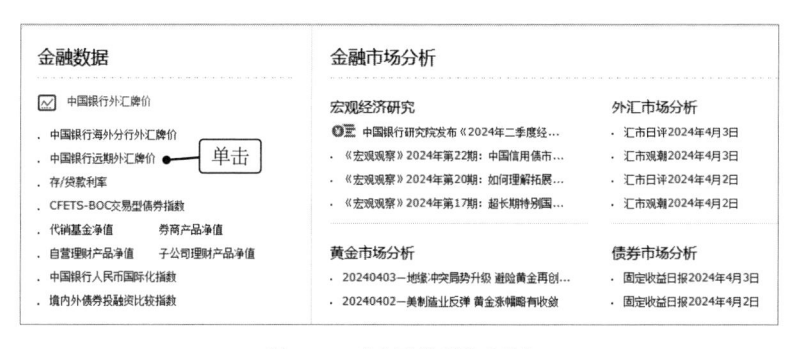

图2-2 "金融数据"区域

在中国银行远期结售汇牌价页面，可以看到需要的外汇牌价信息，包括货币各汇率时间的买入价、卖出价、中间价，如图2-3所示。

货币名称	货币代码	交易期限	买入价	卖出价	中间价	汇率日期
英镑	GBP	一周	902.620900	921.766500	912.193700	2024-04-02
英镑	GBP	一个月	900.625900	919.952400	910.289150	2024-04-02
英镑	GBP	二个月	897.750000	917.065200	907.407600	2024-04-02
英镑	GBP	三个月	895.479400	914.708700	905.094050	2024-04-02
英镑	GBP	四个月	892.608900	912.047600	902.328250	2024-04-02
英镑	GBP	五个月	889.776200	909.246500	899.511350	2024-04-02
英镑	GBP	六个月	887.182900	906.748800	896.965850	2024-04-02
英镑	GBP	七个月	884.225400	904.160600	894.193000	2024-04-02
英镑	GBP	八个月	881.448500	901.434200	891.441350	2024-04-02
英镑	GBP	九个月	878.885100	898.995600	888.940350	2024-04-02

图2-3 中国银行远期结售汇牌价页面

在实际进行报价时，外贸员该如何进行换算呢？不同的交易方向所参考的数据不同，下面通过两个案例进行具体介绍。

案例1：

某企业要出口商品的报价为每千克158元人民币FOB上海，应客户要求，需改为美元报价。由于是出口商品，企业需将所报外汇以人民币赎回，因而通过现汇买入价进行折算，已知当日的现汇买入价为7.162 5元，即：

该商品的美元报价 =158÷7.162 5 ≈ 22.06（美元）

案例2：

某公司想从德国进口8台生产仪器，报价为9 482元/台CIF柏林，对方接受并要求改为欧元报价，则已方需要以欧元支付，需用人民币向银行购买欧元，银行要卖出欧元，所以通过现汇卖出价进行折算。已知当日的现汇卖出价为6.992 1元，即：

该商品的欧元报价 =9 482÷6.992 1 ≈ 1 356.10（欧元）

2.1.3 避开报价误区找准定位

报价不合适会影响最终的订单数量,但很多外贸员却始终觉察不出来是哪里出了问题,其实是外贸员陷入了一些思维误区,只要有所了解,就能够避免。

◆ 低价误区

很多外贸员可能都会认为客户看重利益,因此想以低价吸引客户,但其实客户心里会有一个价格梯队,一般会筛除掉最高价位和最低价位,尤其是大企业,更注重在质量的基础上选择价格合理的。过低的价格会引起客户对质量或其他风险的疑虑。

◆ 匆忙误区

有的外贸员在工作中一直处于紧张的状态,生怕错过任何交易的机会,因此客户一旦询盘,便立即报价。在短暂的时间给出的报价,比起深思熟虑的结果,显然缺乏合理性。要么会使己方的利益受损,要么会让客户觉得虚高,总之是经不起推敲的。

因此,在接到客户询盘时,可以先回复邮件表示感谢和重视,并告知客户需要一定的核算时间,然后向客户表示在一定期限内给出客户结果,这样客户容易接受并在时间期限内等待,不会贸然选择其他企业。

◆ 自信误区

有的外贸员对企业产品质量很自信,因此觉得报价可以略高于市场其他产品,与客户交流时也重点说明企业产品优势,力求让客户认可产品报价。其实不同的客户进货需求不同,他们不一定要寻找质量最好的,也不一定追求价格最低的,只要与其需求相匹配,客户便会纳入考虑。

这时就要求外贸员灵活处理各种询盘邮件,针对客户的需求与特质,灵活报价。不要将重点放在己方身上,而应放在对方身上。

◆ 理解误区

客户在询盘时可能会提出一些要求，如客户要求报 FOB 离岸价以及付款条件，这样的内容能透露客户的需求与愿望，对己方来说，在无伤大雅的情况下，最好的办法是顺应客户的要求。若是外贸员转头便向客户报 CIF 价，只会引起客户的不满，后续的交流也不会顺利。

2.1.4 编制合适的报价单

面对客户的询盘，外贸员选择用何种方式报价，决定了客户对企业的印象。外贸员应在第一时间给客户留下专业的印象，用几句话答复价格显然透露出一种随意的态度，这是商务人士较为反感的。

一般来说，报价单能够专业又准确地透露产品的价格信息，且报价单承载的信息更为全面，报价单的结构及内容见表 2-1。

表 2-1 报价单结构及内容

结构		内容
单头（head）	抬头	报价单标题（quotation/quotation form/price list）、参考编号（reference no.）、报价日期（date）、有效日期（valid date）
	卖家基本资料	工厂标志（factory logo）、公司名称（company）、详细地址（detailed address）、邮政编码（post code）、联系人名（contact）、职位名称（job title）、电话号码（telephone no.）、传真号码（fax no.）、手机号码（mobile no.）、邮箱地址（e-mail address）、聊天方式（messenger online）、公司网址（website address）

续表

结构	内容	
单头（head）	买家基本资料	工厂标志（factory logo）、公司名称（company）、详细地址（detailed address）、邮政编码（post code）、联系人名（contact）、职位名称（job title）、电话号码（telephone no.）、传真号码（fax no.）、手机号码（mobile no.）、邮箱地址（e-mail address）、聊天方式（messenger online）、公司网址（website address）
产品基本资料（product's basic information）		序号（no.）、货号（item no.）、型号（type）、产品名称（product's name）、交期（delivery time）、最小订单量（minimum quantity order）、备注（remark）、产品图片（photo）、产品描述（description）、原材料（materials）、规格（specification）、尺寸（size）、长度（length）、宽度（width）、高度（height）、厚度（thickness）、管径（tube's diameter）、口径（caliber）、形状（shape）、外观颜色（colors）
产品技术参数（product's technical parameters）		技术参数包括电力类产品技术参数、光源/光学类产品技术参数、机械/力学类产品技术参数、热学类产品技术参数、加工工艺/防护性能类产品技术参数、配件类产品技术参数等以及产品使用寿命、用途和使用范围
价格条款（price terms）		贸易方式（EXW、FOB、CFR、CIF）、装运港（loading port）、目的港（destination port）、货币种类（currency）、汇率（exchange rate）、单位价格（unit price）、单位（unit）

当然，报价单的结构和内容不是固定不变的，可根据实际情况省略或添加，表 2-2 为某公司的报价单格式。

表 2-2 报价单格式

Company Name（公司名称）								
Supplier（供应商）： Address（地址）： Contact（联系方式）： Tel（电话）： Fax（传真）： E-mail（电子邮件）： Website（网址）：						Item Number（商品编号）： Date Quote（报价日期）：		
Photo（照片）	Item（品名）	Description（描述）	Packing（包装）	Carton Cube (cbm)（纸箱体积(立方米)）			MOQ（起订量）	Unit（单元）	FOB Shanghai USD Price（上海离岸价以美元计）
		Material（材料）：		L(m)（长）	W(m)（宽）	H(m)（高）			
		Size（尺寸）：							
		Material（材料）：		L(m)（长）	W(m)（宽）	H(m)（高）			
		Size（尺寸）：							
		Material（材料）：		L(m)（长）	W(m)（宽）	H(m)（高）			
		Size（尺寸）：							
Production Time（生产时间）			45 days after order confirmed.（订单确认后 45 天。）						
Payment（付款方式）			30% deposite, balance on draft of B/L documents. （30% 定金，余款凭提单单据付款。）						
Remarks（备注）			Price valid time: 15 days.（价格有效期:15 天。）						

有报价单并不意味着要省略邮件内容，正确的方法是通过"邮件内容+报价单"的模式表达，即编写邮件内容简单回应客户的询盘，再以报价单详细展现产品有关信息，可以把邮件内容看作一个引子。

对于报价单的制作，外贸员可通过以下一些技巧增加可读性，就像同样一句话，换一种表达更易接受。

①报价单命名一般为"公司名+产品名"，这样在众多邮件中客户也能对报价单内容一目了然。

②报价单的整体设计可突出公司标志，如在页眉加入 logo 或口号。

③提供多个版本的报价单，常用的为 Word、PDF 和图片版本，防止其中一个版本打不开的情况，客户可阅览、可修改。比如，可在邮件结尾处书写："详细报价资料请参见附件，我们提供了 Word、PDF、JPEG 这三种版本，您可选择合适的格式阅览。"

④发送给客户的报价单文件一定是可预览的，外贸员发送前要检查一遍，方便客户打印。

⑤邮件正文注意排版布局，内容较多的情况下要及时分段。

⑥用客户母语而不是通用的英语编制报价单。

2.2 签订外贸合同确认订单

外贸双方就各种交易条件达成一致后，外贸员应尽快与客户签订外贸合同，迟则生变，只有正式签订外贸合同才能有效保护双方的合法权益，避免后续很多纠纷。

2.2.1 清楚外贸合同的内容

国际贸易合同在国内又被称为外贸合同或进出口贸易合同，即营业地处于不同国家或地区的当事人就商品买卖所发生的权利和义务关系而达成的书面协议。

国际贸易合同包括国际货物买卖合同、成套设备进出口合同、包销合同、委托代理合同、寄售合同、易货贸易合同和补偿贸易合同等形式。无论什么样的合同形式，关键的合同条款内容都不能少，具体如下：

合同对象：即合同双方，一般会写明双方公司名称、个人姓名、地址和联系方式。

品质条款：对商品品质进行约定，包括内部（物理性能、化学成分等）和外观（外形、款式或透明度等）。品质条款的基本内容包括商品品名、等级、规格、标准、商标或牌号等。

数量条款：约定交货数量和计量单位，如果标的物按重量计算，还要规定计量方法，如毛重、净重等。

包装条款：卖方交付的货物须按照合同所规定的方式装箱或包装，主要包括商品包装的方式、材料、包装费用和运输标志等内容。

价格条款：价格条款是由单价和总值组成，其中单价包括计量单位、单位价格金额、计价货币、价格术语等内容。

支付条款：此条款主要包括支付工具、支付时间和支付方式。使用汇付方式时，应在合同中明确规定汇付时间、方式和金额等；使用托收方式时，应在合同中明确规定交单条件、方式和买方的付款或承兑责任及付款期限等；使用信用证方式时，应在合同中明确受益人、开证银行、开证时间及信用证的种类、金额、有效期等方面的内容。

保险条款：外贸交易的风险较大，因此在合同中约定保险条款很有必要，包括险种、费用等内容。

不可抗力条款：这是国际货物买卖合同中普遍采用的一种例外条款，也是一项免责条款，遭受不可抗力的一方可以解除和迟延履行合同而不承担责任。

违约条款：违约条款包括异议与索赔条款、罚金条款，约定一方违约，对方有权提出索赔，并向对方支付一定数额的约定赔款。

仲裁条款：国际货物买卖合同一般都会约定仲裁条款，如双方协商不成，应提交仲裁机构进行仲裁。

下面通过外贸合同模板来了解具体内容，在实际编制合同时，也能参考借鉴。

合同（Contract）

Contract No.：×××

买方：××有限公司（The Buyer:×× CO.,LTD.）

地址（Address）：　　电话（Tel）：　　传真（Fax）：

卖方：××科学公司（The Seller:×× Scientific, Inc.）

地址（Address）：　　电话（Tel）：　　传真（Fax）：

双方协商同意按下列条款由卖方出售，买方购进下列货物：

The Buyer agrees to buy and the Seller agrees to sell the under mentioned goods on the terms and conditions stated below:

1. 产品名称：××。清单如附件一。

Name of Goods: ××, with details in Attachment 1.

2. 总价：CIP 纽约价为 USD 13 238.00

Total value of the contract: CIP New York 13 238 US Dollars only.

3. 原产国：中国。Country of Origin: China.

4. 装运港：××。Port of Shipment: ××.

5. 交货期：合同签订后10周。Time of Delivery: 10 weeks.

6. 目的地：美国纽约。Destination: New York Airport, The United States.

7. 保险：与CIP New York Airport贸易术语一致。

Insurance: To be consistent with terms CIP New York Airport.

8. 付款条件：签订合同后即电汇支付100%货款。

Terms of Payment: The 100% contract value will be paid by T/T with the order.

9. 包装：所有包装物应能适合空运、防湿、防潮、防锈、防震、防倒置。由于包装不良及采用不充分或不妥善防护措施而造成任何损失和损坏均由卖方负责，由此所产生的费用由卖方负担。

Packing: Suitable for air transportation and well protected against dampness, moisture, rust, shake and inversion. The Seller shall be liable for any damage to the goods on account of improper packing and for any rust damage attributable to inadequate or improper protective measures taken by the Seller, and in such case or cases any losses or expenses incurred in consequence thereof shall be borne by the Seller.

10. 装运条件：货物发运后，卖方应在48小时之内将合同号、货名、数量、发货日期、发票、装箱单以传真形式通知买方。不允许分批装运，不允许超出或少于合同规定的数量。

Term of Shipment: After loading is completed, the Seller should notify the Buyer by fax the contract number, name of commodity, quantity, and the date of shipment, invoice, packing list within 48 hours. Partial shipment is not allowed, more or less than the quantity of contract is not allowed.

11. 单据：卖方应提供发票3份、品质证明2份、装箱单3份、非木质包装证明2份、原产地证明2份。以上单据应表明合同号、货物名称、规格、数量、包装、总价等。

Documents: The Seller shall present the following documents to the invoice in 3 originals, Certificate of quality and quantity in 2 originals, packing list in

3 originals, Certificate of nonwood packing material in 2 originals, Country of Origin Certificate in 2 originals and indicating contract number, name of commodity, specifications, quantity, packing, total price,etc.

12. 质量要求和技术标准：卖方必须出具由买方确认的原厂家出具的技术标准和质量检验合格证，货到后由买方进行检验。

Quality Requirement and Specification: The Seller shall present to the Buyer the original manufactures specification and the quality certificate, which is confirmed by the Buyer. The inspection shall be done by the Buyer after arrival of the goods.

13. 异议与索赔：双方约定买方在货到目的地之日起45天内，如发现货物的质量、数量规格与本合同规定不符或发现货物无论由于任何原因引起的缺陷或使用不良的原料，买方可申请商检局检验，并有权根据商检局出具的检验证书向卖方提出退换或索赔，由此产生的一切费用由卖方承担。

Quality/Quantity Discrepancy and Claim: In case the quality and/or quantity and specification are found by the Buyer to be not in conformity with the contract or should the goods prove defective for any reasons, including latent defect or the use of unsuitable materials within 45 days after arrival of the goods at the port of destination, the Buyer shall arrange for an inspection to be carried out by the Bureau and have the right to claim against the Seller on the strength of the inspection certificate issued by the Bureau. Any claim or exchange a purchase occurred, all the charges should on seller's account.

14. 不可抗力：卖方对在设备制造及运输期间由不可抗力而引起的延迟交货或不能交货不负任何责任，卖方应立即通知买方所发生的不可抗力，并在其后14天内，通过航空邮件，将由事发当地政府机关颁发的事故证书寄给买方，供其核查，在这种情况下，卖方仍有义务采取必要措施加快交货的速度。如事故长达10周以上，买方有权撤销合同。

Force Majeure: If force majeure is occurred the Seller does not shoulder any responsibility for any failure or delay in delivery. The Seller should notify the Buyer of the occurrence of force majeure and send the Buyer the occurrence proof issued by the local authority for further investigation within 14 days by airmail. Under this circumstance the Seller is still obligated to take necessary measures to expedite the delivery. If any delivery hereunder shall be so delayed for more than ten weeks, the Buyer may terminate this contract with respect to such delivery.

15. 合同纠纷解决的方式：凡因执行本合同或有关本合同所发生的纠纷，双方应协商解决；如果不能协商解决，应提交在北京的中国国际经济贸易仲裁委员会，根据该会的仲裁规则进行仲裁。仲裁裁决是终局的，对双方都有约束力。

Settlement of Dispute: Any dispute arising from the execution of, or in connection with the contract, should be settled through negotiation. In case no settlement can be reached negotiation, the case shall then be submitted to China International Economic and Trade Arbitration commission, Beijing, China, for arbitration in accordance with its Rules of arbitration. The arbitration award is final and binding up on both parties.

16. 迟交罚款：如果卖方不能按合同规定的交货期交货时（除本合同第14条中所述的不可抗力原因外），买方如同意推迟交货，继续履行合同，同时卖方同意支付罚款，继续履行合同的情况下，由支付行从货款中扣除罚款，罚款不应超过货物总值的5%。罚款的计算为每七天0.5%，不满七天以七天计算。如卖方不能在合同规定交货期后的十周内交货，买方有权要求取消合同，而卖方仍应毫无延迟地支付给买方上述罚款。

Penalty for Late Payment: Should the Seller fail to make delivery on time as stipulated in the contract, with exception of Force Majeure, the Buyer shall agree to postpone the delivery on condition, that the Seller agrees to pay a penalty which shall be deducted by the paying bank from the payment under negotiation. The penalty, however, shall not exceed 5% of the total value of the goods involved in the late delivery.The rate of penalty is charged at 0.5% for every seven days, odd days less than seven days should be counted as seven days. In case the Seller fails to make delivery ten weeks later than the time of shipment stipulated in the contract, the Buyer shall have right to cancel the contract and the Seller, in spite of the cancellation, shall still pay the aforesaid penalty to the Buyer without delay.

17. 质量保证：卖方应保证货物所有原料优良，工艺上乘、全新、未经使用且完全符合本合同规定的质量和规格。从货物抵达目的港之日起12个月之内或自卖方发货起18个月为保证期，以早到日为准。

Guarantee of Quality: The Seller should guarantee that the commodity hereof is made of the best materials with first class workmanship, brand new and unused, and compiles in all respects with the quality and specification stipulated in this contract. The guarantee period shall be either 12 months after the Buyer's receipt of the contract goods or 18 months after the shipment effected, whichever comes first.

18. 本合同由双方签署正本两份，买方一份，卖方一份，生效日为双方签字日。

This contract signed by both parties in two original copies, the Buyer holds one copy and the Seller holds one copy. The effective date is defined from the date which the contract is signed by both parties.

信息拓展 认定合同效力

国际贸易合同争议的仲裁案件中，许多争议需要先根据适用的法律及国际公约来认定合同的效力，因为合同是否有效直接影响着国际仲裁的过程和结果。国际贸易合同的有效订立，一般应具备以下条件：合同当事人须有订立合同的主体资格；合同订立的形式和内容必须合法；当事人的意思表示真实；合同当事人之间要通过要约与承诺的方式达成一项可履行的协议。

2.2.2 审核合同尽量避免差错

合同初步成型后，还需要对合同中的各项条款进行审核，确保己方的权益受到保护，同时对有失公平的条款要有敏感度。不同条款的审核要点不同，外贸员要做到心中有数，下面通过表2-3了解审核要点。

表 2-3 合同条款的审核要点

合同条款	审核要点
合同对象	①审核签订合同的主体性质，是否有权签署外贸合同 ②审核签署授权，即签署合同的代表是否获得公司授权
标的物	①进口货物，企业要审核标的物的质量标准、误差范围，要符合己方需求，不能无条件接受对方提供的标的物 ②出口货物，企业要审核质量标准的参照体系以及参照标准是否苛刻，确定适用中国标准、欧洲标准还是其他标准，选择己方能达到的标准体系
运输	①审核装运条件，如"收到信用证 3 日内进行装运"，这里需对信用证开具时间进行约定，以免买方拖延，增加仓储成本 ②审核装运港与目的港，事关责任划分，二者缺一不可，必须明确 ③审核特殊运输方式，根据客观条件可以附加"转运""分批装运"等条款 ④审核有无装船通知内容，便于后续开展装运衔接工作
保险	若是对方投保，需审核保单的交付事项
包装	①包装材料、规格和形状应该详细约定 ②审核特殊包装的费用约定 ③审核唛头是否符合国际标准，是否符合对应国家法律法规
付款条件	①审核单据的有效性 ②审核汇款时间的具体约定
交货条件	交货条件往往与贸易术语有关，需审核涉及的贸易术语适用哪个版本，以免因版本不同引发纠纷
单据	①出口货物，所需单据最好是己方能够取得，若需要对方配合，则一定要约定需要对方提供单据的时限、有效性 ②审核所需单据是否符合其他合同条款的约定 ③注意列明单据的名称、份数
保证和担保	主要审核标的物的瑕疵范围以及出口方对此应负的责任
索赔	①审核商品检验权的归属 ②审核检验机构是否权威 ③审核提出索赔的时间期限，索赔时间不应过长

续表

合同条款	审核要点
不可抗力	①审核不可抗力发生的通知与证明条款，发生事件的一方有通知义务并要提供约定机构的证明文件 ②审核不可抗力事件发生后的合同履行条款
迟交罚款	①审核违约金数额是否合理，尤其是上限的约定，通常为未交货物金额的一定比例 ②审核出口方的免责事项
仲裁	审核仲裁机构的选择，最好选择己方仲裁机构或第三国仲裁机构
解除合同	审核单方变更或解除合同的权利
语言	由于是外贸交易，合同以哪种语言内容为准对双方都有影响，当然，我们应该争取以中文版合同内容为准，或是双语合同具有同等法律效力

2.2.3 合同欺诈的常见手法

外贸交易中的风险一直存在，企业每次进行交易都是效益与风险并存的，因此，外贸员要谨慎处理交易各环节事务，尤其要重视合同欺诈的问题，不能因为一时掉以轻心而走入陷阱。

利用合同漏洞进行欺诈是外贸交易中常见的风险，外贸员怎么能对此一无所知呢？外贸员需要了解常见的欺诈方式，并不断更新案例库，对欺诈手法了解得越多，越能看出端倪；外贸员要主动了解各种外贸新闻，丰富自己的见识。下面是常见的合同欺诈手法：

◆ 合同主体欺诈

虚构合同主体与己方签约是非常常见的欺诈方式，对方往往会伪造企业注册资本、经营地址和证明文件等，一旦收到货款或货物后便宣告破产或消失不见。

还会通过变更合同主体进行欺诈，对方会谎称自己无法履约或银行户头发生变化，提出由第三方代为履约，并让利于己方，让己方愿意接受变更主体，而己方却没有严格审核第三方资信。

◆ 索赔欺诈

对于不合规或劣质的商品买方当然有权索赔，但有的卖方会在索赔时间上设陷阱，让买方即便有索赔依据，但超过了索赔时间，因而无法达成实际的索赔。

或是在索赔条件上设伏，让卖方难以达到规定的品质标准，买方借此提出索赔。

◆ 运输方式欺诈

不同的运输方式下买卖双方承担的风险不同，买方在明确运输方式和双方的风险责任后，还要注意承运人与卖方勾结的情况，尤其是租船运输，买方无法确定航线及航程，卖方与承运人伪造提单，就能骗取货物，使买方货财两空。因此，要选择容易控制运输过程的运输方式。

◆ 信用证欺诈

信用证作为国际贸易中常见的支付方式，却有很明显的漏洞。信用证依靠单据交易，只要受益人提交的单据符合信用证条款，银行便会支付款项，这导致伪造单据便能获得款项。因此，对于信用证的生效条件，需要严格约定相应条款。

◆ 海运欺诈

卖方可利用海啸、地震、台风甚至触礁沉没等海运常见的不可抗力事件，将货物昧下，等风波过后再处理掉。

2.2.4 FOB 合同的常见陷阱

FOB 贸易术语是最早出现的海运术语，也是外贸交易中普遍采用的贸易术语，卖方只要将货物在指定的地点与时间交给买方指定的承运人，并办理出口清关手续，即完成交货。

交货地点的选择对于在该地点装货和卸货的义务会产生影响。若交货地点为卖方所在地，则当货物被装上买方指定的承运人或代表买方的其他人提供的运输工具时，即视为已履行了交货义务。

使用 FOB 术语签订合同，出口商对商品的物权所有不受控，在交货后很容易导致各种未知风险，简单介绍如下：

无单放货：由买方指定承运人，承运人或货代很有可能被买方直接控制，在未收回正本提单的情况下，依提单上记载的收货人或通知人凭副本提单或提单复印件，加保函放行货物。

无船承运人：无船承运人是集装箱运输中，经营集装箱货运的揽货、装箱、拆箱以及内陆运输，经营中转站或内陆站业务，但并不经营船舶的承运人。真正的货主是承运人；船方又是托运人。买方可利用无船承运人提单进行海运欺诈。

> **信息拓展** 船东单（MB/L）和货代单（HB/L）
>
> 无单放货会涉及两套提单——船东单（MB/L）和货代单（HB/L）。承运人向船公司订舱，取得船东单，这是基本的物权凭证，只要有船东单，任何人都可在目的港直接向船公司提货，而国内出口商得到的是承运人提供的提单或运单。

运输时间延长：在 FOB 条款下，运输线路由买方和货代进行选择，若是买方选择长线路运输，延长运输时间，既可以降低其运输成本，又能减少仓储费用。但对于卖方而言，久不到货，货款也不能尽早收到，资金流转周期增加，会导致资金链断裂风险和汇率损失风险。

为了避免出现这些风险，企业应熟悉FOB条款，并针对风险情况添加对应的附加条款，具体有以下做法：

①从源头解决，避免使用FOB价格术语，而采用CFR或CIF价格术语签订，将商品物权掌握在己方手中。

②如果使用FOB价格术语签订合同，一定要明确规定承运公司，并且不接受资信不明或未经批准在华经营的承运公司。

③约定在货款收全后买方才取得装船单，拥有提货权。

④货物运输后，及时向承运人索要正本提单及费用发票。

⑤及时跟踪货物运输情况，了解物流进度，尤其是货物靠近目的港要提高警惕。

第3章

确定生产模式备好货

与客户签约后，外贸企业需要按照订单要求开始备货了。备货一般包括自产和外部采购两种方式，不同的备货方式，外贸员要做的工作有所不同，重要的是做好不同备货方式的关键工作，确保不耽误交期。

3.1 自产自销备货更方便

对于生产制造企业来说,接到订单便可及时安排生产计划,开始备货。因此,自产自销企业不用考虑生产商的选择,只需要保证备货工作的有序进行即可。

3.1.1 及时发出备货通知单

备货是企业根据合同规定,向生产加工及仓储部门下达指令,要求有关部门按指令对应交货物展开生产、清点和加工整理等工作。在商品库存不足的情况下,就要加紧生产,以免耽误交货。

安排生产工作难以通过一个简单的指令说明清楚,需要对生产加工商品的名称、型号、规格、材质、数量和生产截止日期一一列明,体现计划性和针对性。

这时外贸员可利用备货通知单进行生产安排,见表3-1。

表3-1 备货通知单

出口国别/地区:				交货日期:		
合同单号:				通知日期:		
备货属性	□客户订单　　□无客户订单,风险备货 备货风险说明:					
产品名称	规格	数量	单位	需求日期	包装	备注

续表

发货信息	发货方式：□海运　　□空运　　□铁路运输　　□其他：
	客户名称：
	收货人及联系方式：
	收货地址：

经办人／日期：	主管审核／日期：
审核意见：	

备货通知单的编制要精准且实事求是，这样生产部才能按要求生产，因此外贸员还需要注意以下一些事项：

①备货通知单要提交部门主管确认，之后再下发至生产部。

②合约签订后第一时间编制备货通知单。

③一份通知单中罗列的内容不宜过多，可遵循一个客户一份通知单或同一商品同一通知单的原则。

④考虑订单商品的交期，先交货物先填制通知单。

⑤为了让生产部员工理解通知单的内容，可以召开会议，召集生产部门、仓储部门和运输部门有关负责人一起参与，了解该订单的要点及特殊要求，方便后续工作的开展。

3.1.2　控制生产进度

将订单和备货通知单发给生产部门后，并不意味着外贸员的工作就结束了。为了如期交货，外贸员对生产效率和生产进度要时时把握。首先，外贸员需要清楚生产进度控制的要点，一般包括以下几项：

①生产计划内容及执行情况。

②生产所用机器设备有无故障问题。

③原材料能否持续供应。

④不合格率如何。

⑤临时任务的意外插入情况。

⑥各道工序的衔接情况。

⑦生产部门人员有无大的变动,尤其要注意人员减少情况。

至于如何追踪生产情况,外贸员可利用一些表格工具进行统计分析,有的表格工具要求生产部门提供,而有的表格则需要外贸员自行制作。

表 3-2 和表 3-3 为需生产部门提交的生产进度安排表和生产日报表。

表 3-2 生产进度安排表

部门	说明	进度安排												合计
		1	2	3	4	5	6	7	8	9	10	11	12	
生产线一	产品名称													
	数量金额													
	型号													
	进度													
	需要人力													
生产线二	产品名称													
	数量金额													
	型号													
	进度													
	需要人力													

续表

部门	说明	进度安排												合计
		1	2	3	4	5	6	7	8	9	10	11	12	
生产线三	产品名称													
	数量金额													
	型号													
	进度													
	需要人力													
拟定:						核准:								

表 3-3 生产日报表

生产车间:				班次:					日期:		
生产项目信息					产品生产产能			产品质量指标		生产责任人		
生产工序	机台编号	产品名称	规格	交货期	良品	不良品	合格率	来料不良	生产损耗	生产工时	负责人	应到人数	实到人数
制表人:					主管确认:					审核:			
注意事项: 生产日报表每天由当班负责人填写,白班于次日早上 8:00 之前,夜班于 8:00 之前交由办公室交接处													

外贸员收到生产情况统计表单后,可依据表单数据制作生产进度跟踪表,见表 3-4。

表 3-4　生产进度跟踪表

客户名称：		下单日期：			生产安排日期：		
产品型号/规格	订单数	指定完工日期	实际生产				
			日期	生产数	累计	日期	生产数	累计

通过生产进度跟踪表，外贸员可掌握每日的生产量（成品）和累计完成量，并与生产进度安排数据进行对比，查看每日生产量是否达标。若实际进度跟不上计划进度，外贸员就要及时查找原因，同时对于生产中出现的异常情况尽快处理，做出补救措施。

生产中常见的异常情况及补救措施见表 3-5。

表 3-5　生产异常情况及补救措施

异常情况	补救措施
排产延迟	督促生产部门尽快排产，核实生产资料是否提交生产部门，必要时上报主管知悉
计划生产搁置	外贸员应及时通知生产部门，了解未按计划日期开展生产的原因，落实生产工作
进度延迟	生产量一连几日未跟上计划，外贸员要引起重视，协助生产部门调查延迟原因，考虑更新计划、加班或外包等补救措施

续表

异常情况	补救措施
不合格品增加	需要生产部对未达标产品重新生产，如有必要，应加班进行，并从设备性能、制作工艺和装配流程入手，查看是否符合要求或有无改进空间
产量变更	若是客户突然需要增加订单量，外贸员先要考虑公司的生产能力，与各部门研讨后，制订可行的突击生产计划，并与客户签订合同补充条款。如果企业的规模和能力难以满足客户的需求，外贸员应与客户协商延迟交货，或予以拒绝，按原合同条件交货
交货期变更	交货期提前或延迟对企业经营都会产生影响，交货期提前，外贸员需考虑生产进度，生产部要重新排班，由此产生的加班赶工费用可约定由客户承担。交货期延迟，企业需承担仓储服务费以及延迟期间的各种风险，这时外贸员要与客户协商费用问题

其实，外贸员控制生产进度只需做好四点即可，依次为：制订计划、发现异常、妥善补救和解决问题。

若是采取各种补救措施后问题仍然无法解决，可能导致交货延迟，外贸员就要及时报告上级，获得更多的支持，并与客户取得联系，希望得到客户谅解，争取更多的加工时间。

3.1.3 保证生产质量

除了要保证按时交货，外贸员还要把控产品质量，确保商品的不合格率在合同规定的范围之内，这样才能顺利交付，避免企业遭到客户索赔。一般来说，生产部门有成熟的质量管理系统，能针对不同的生产要求展开生产活动，而外贸员要做的工作主要有以下几项：

①了解商品的质量属性。

②在生产过程中进行随机的质量监控。

③完工后进行最后的质量检验。

产品的质量属性分为两大类——内在质量与外观质量，具体见表3-6。

表 3-6 产品的质量属性

属性分类		概念
内在质量	性能	产品性能即在用户要求下，满足预定目的或者规定用途的特性，包括强度、化学成分、纯度、功率和转速等，如灯泡的性能为功率、照度和频闪现象等
	寿命	产品寿命指产品在正常情况下的使用期限，常用的参考指标为使用时长、工作次数等
	可靠性	可靠性指在规定的时间和条件下使用产品，完成规定功能的程度和能力，参考指标为精确度、故障率、失效率和平均故障时间等
	安全性	安全性指产品在使用过程中对人身及环境的安全保障程度，参考指标为辐射、毒性和噪声等
	经济性	经济性指产品生产及使用过程中消耗成本的程度，同时亦包含其可获得经济利益的程度，即投入与产出的效益能力。常用指标有耗电量、耗油量等
外观质量		产品的外观质量指产品的外部属性，包括产品的光洁度、造型、色泽和包装等

外贸员需对产品的质量属性完全了解，才能进行质量监控，当然，质量监控一般由生产部门的管理员负责，外贸员只需偶尔了解，或是在生产进度变化较大的情况下查看生产质量状况。

外贸员可通过查看生产部门的质量监控记录表和质量控制检查记录表监控产品质量情况，见表3-7和表3-8。

表 3-7 质量监控记录表

监督项目		检测科室	
涉及人员		监督时间	

续表

监督内容： □ 1. 设备操作能力，是否熟练、正确 □ 2. 操作方式是否符合标准 □ 3. 消耗性材料的配置情况 □ 4. 生产流程是否科学 □ 5. 抽查成品情况 注：在实施监督内容前打√，可多项选择
监控过程记录：   被监督人员：　　　　　　　　质量监督员：
□现场纠正　　　　　　□后续采取纠正措施，完成时间：

表 3-8　质量控制检查记录表

受检车间	关键控制点	技术要求	受检人	抽样数量	检验情况	检验人员	检验时间

产品生产完成后需要进行最终检验，有的客户要求卖家提供官方检验证书，企业便要联系相关的检验机构进行检测，并出具证书。若是客户没有特殊要求，企业可进行内部检验，以免不合格品过多，影响企业的形象和后续交易。

只有成品检验合格后才允许对产品进行包装。成品检验的方法有全数检验和抽样检验，企业可根据需要选择合适的检验方法。

3.2 外部生产算好时间

很多规模较小的外贸企业是没有自己的工厂的，所以无法自产自销。这类企业通常通过外部渠道备货，没有生产工序，企业经营都集中在外销上，能省去很多麻烦，但与此同时，备货又成为一大问题。

3.2.1 筹备资金用于交易

非生产型外贸企业需要购进商品以做外销，而第一步便要准备好资金，有了足够的备货资金才能开展后续的工作。在企业资金紧张时，可以通过打包贷款向银行申请融资。

打包贷款是指出口地银行为支持出口商按期履行合同、出运交货，向收到合格信用证的出口商提供的用于采购、生产和装运信用证项下货物的专项贷款。打包贷款是一种装船前短期融资，使出口商在自有资金不足的情况下仍然可以办理采购、备料和加工，顺利开展对外贸易。

关于打包贷款，需要了解的信息具体见表3-9。

表3-9 打包贷款基本信息

关键信息	具体内容
贷款期限	贷款期限一般很短，以信用证有效期为基础，自放款之日起至信用证有效期后一个月，最长不超过一年
金额	一般不超过信用证总金额（按当日银行买入价折算）的80%

续表

关键信息	具体内容
适用对象	出口商流动资金紧缺，而国外进口商不同意预付货款，但同意开立信用证
功能	①用于满足出口商在信用证项下备货装运的短期资金融通需求 ②还款来源为信用证项下出口收汇，有开证行有条件的信用保障 ③属专项贷款，贸易背景清晰，适合封闭管理
优势	①扩大贸易机会。在出口商自身资金紧缺而又无法争取到预付货款支付条件时，帮助出口商顺利开展业务、把握贸易机会 ②减少资金占压。在生产、采购等备货阶段均不占用出口商的自有资金，可以缓解流动资金压力
申请条件	①依法核准登记，具有年检的法人营业执照或其他足以证明其经营合法性和经营范围的有效证明文件 ②拥有贷款卡 ③在银行开立结算账户 ④具有进出口经营资格 ⑤在申请银行有授信额度 ⑥中国企业所持的有效信用证正本需由资信良好的海外银行开立，不可撤销，且信用证条款必须经银行核准，抵押信用证项下的出口单据必须交银行进行议付
提交资料	①书面申请书 ②国外销售合同和国内采购合同 ③贸易情况介绍 ④正本信用证 ⑤经年检的"企业法人营业执照"或复印件 ⑥企业近期财务报表 ⑦银行要求的其他资料
申办流程	①出口商与银行签订融资协议，提交打包贷款申请书、贸易合同、正本信用证及相关材料 ②银行经审核后将打包贷款款项转入出口商账户 ③出口商使用打包贷款款项完成采购、生产和装运后，向银行提交信用证项下单据 ④银行将单据寄往国外银行（开证行或指定行）进行索汇 ⑤国外银行到期向国内银行付款，国内银行用以归还打包贷款款项

续表

关键信息	具体内容
利率	贷款利率按相应期限的本币或外币流动资金贷款利率执行，按实际贷款天数计息

3.2.2 找好优质货源

解决了资金问题，外贸企业又该上哪儿寻找货源呢？为了保证产品质量，外贸员在寻找外部厂家时，一定要考量渠道的正规性，那么具体有哪些货源渠道可供利用呢？

◆ 批发市场

在传统的批发市场寻找货源是最简单直接的办法，尤其是销量不高的小规模外贸企业，批发市场完全可以满足企业需求。而且在本地或相邻市县的批发市场，无论是交易、运输，都可节约大量的时间，方便企业安排贸易活动。

◆ 展会

在一些产业比较集中的区域，每年都会举办展会，有不少企业参与，并展示产品和技术、拓展渠道、促进销售、传播品牌。越是大型的展会，参展企业越多，外贸员能获得的资源就越多。

◆ 互联网平台

线下渠道相对来说费时费力，所以，如今外贸员多在互联网平台寻找货源，搜索方式也不尽相同，大致有以下四种。

B2B 网站：在各 B2B 网站中都有丰富的厂商信息，并按各行业进行细致分类，外贸员搜索起来非常方便，如通过百度的采购网站用货源（商品）和厂家两种方式在线搜索。

论坛：在行业或电商论坛、贴吧中，会有供应商或采购商发布的交易信息，外贸员在论坛中多加留意，也能收集到有用的货源资讯。

搜索引擎：通过百度、搜狗等搜索引擎，直接用关键字搜索，可找到很多对应的批发商，外贸员可通过线上沟通、线下查访，了解厂家资质，筛选合适的生产厂家。图3-1为用百度搜索"羽绒服 批发厂家"的结果页面，可以看到一些服饰有限公司的链接。

图 3-1 百度搜索生产厂家

地图网站：可以利用地图网站提供的全国地图浏览、地点搜索等服务寻找厂家，获得厂家信息。图 3-2 和图 3-3 为通过百度地图关键字搜索的结果页面，可以看到该区域的很多厂家、直营店，根据提供的地址和电话就能联系对方。

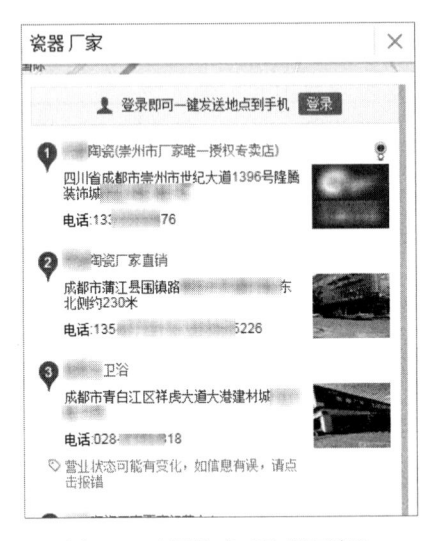

图 3-2　地图搜索"瓷器厂家"　　图 3-3　地图搜索"服饰厂家"

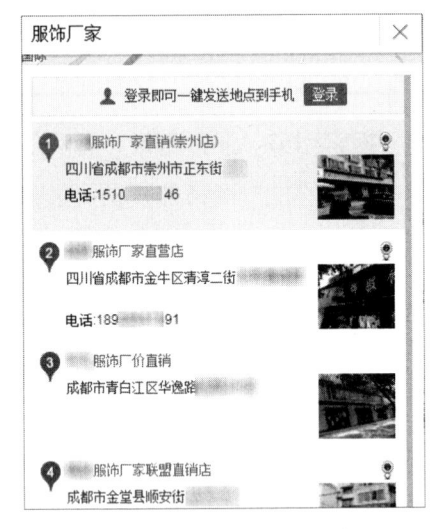

3.3　包装也是生产的一部分

商品要运输必须按照贸易合同或信用证的要求进行包装,尤其是外贸交易距离较远,包装的好坏会直接影响商品的受损程度,因此,在包装上绝不能马虎大意。

3.3.1　包装有哪些类型

出口包装为了适应商品在国外销售,针对商品的国际长途运输,在保护性、装饰性、竞争性和适应性上要求更高。因在流通过程中发挥的不同作用,包装又可分为运输包装(外包装)和销售包装(内包装)两大类。从运输和销售两方面来看,需要考虑以下一些问题:

- ◆ **运输方面**:外销商品运输路程遥远,气候差异大,装卸环节多,运输工具、装卸设备和港口设施与国内不尽相同,在与不同国家和地区的客户进行交易时，要事先考虑到这些问题，采用合适的包装方式。

◆ **销售方面：** 在其他国家和地区销售商品，包装应符合进口国的法律、习惯、生活方式和文化，产品更能走出国门。

根据不同的运输方式、运输路线和商品性质，出口包装应采用适当的包装材料、包装容器和包装方法，以保证商品安全、完好地到达客户手中。同时也要考虑己方的经济效益，选择节省材料和运费的包装。具体的包装类型，外贸员可作简单了解，见表3-10。

表3-10 包装的不同类型

分类		具体类型
运输	包装材料	分为纸制、金属、木制、塑料、麻制品、玻璃制品、陶瓷和竹、柳、草制品等包装
	包装容器形状	有箱、袋、包、桶、筐、坛、罐、缸、瓶和捆等不同形状
	包装方式	单件运输包装，指货物在运输过程中作为一个计件单位的包装
		集合运输包装，指将若干个单件包装组合成一件大包装或装在一个大的包装容器内，包括集装箱、集装袋和托盘
	包装质地	软包装，指在充填或取出内装物后，容器形状可发生变化的包装。用纸、铝箔、纤维、塑料薄膜以及它们的复合物所制成的各种袋、盒、套、包封等均属于软包装
		半硬包装，指介于硬包装和软包装之间的包装，主要包括瓦楞纸板箱、折叠箱、粘贴箱、塑料轻型容器、塑料软管和金属挤压管等
		硬包装，指充填或取出包装内装物后，容器形状基本不发生变化，材质坚硬或质地牢固的包装
	包装形式	分为全部包装和局部包装（仅对产品需要防护的部位进行的包装，多用于机电产品）
	安全程度	分为一般货物包装和危险货物包装

续表

分类		具体类型
销售	易开包装	指具有密封结构的包装容器，在封口严密的前提下，增加易开装置，使消费者不需另备工具即可开启，如易拉罐等
	堆叠式包装	指可以堆叠在货架上陈列的商品包装，稳定性强，如罐、盒、瓶等
	携带式包装	为方便消费者携带，装有提手或类似装置的包装
	挂式包装	指可在货架上悬挂展示的商品包装，具有独特的结构，如吊钩、吊带和网兜等。采用这种包装结构的通常为中、低档轻工产品和一些食品、药品及纺织品等
	喷雾包装	指整体的、装有阀门的包装，用于流体商品的销售包装，增加了使用的便利性
	配套包装	将品种相同、规格不同或品种不同、用途相关的数件产品搭配在一起的包装，如将乒乓球、乒乓球拍和球网放在一起的包装，这种包装便于消费者配套使用
	礼品包装	适用于送礼的包装，一般带有漂亮精致的装饰
	复用包装	此类包装有多种用途，可以作储存容器或供人欣赏
	透明包装	指商品包装有部分或全部是透明可见的，使消费者能够直观地部分或者全部地看到商品的真实面貌，如一些开窗式纸盒包装、纸板式泡罩包装袋等

3.3.2 包装的注意事项

商品生产完工后便要进行包装，方便储存，以待装运。为了美观、安全，对包装的各项事宜应该格外重视，外贸员应在哪些方面留意呢？具体内容如下：

分隔放置成套商品：对不是单件的成套商品，出口商应格外注意有序包装，若是一股脑地将所有部件放在同一个包装箱内，在运输过程中可能相互磨损，客户打开包装时也会觉得凌乱不堪，因此尤其要注意成套商品各部件的分隔。

包装大小合适：包装箱内部不能过空，一是商品在运输过程中不太稳定，二是浪费空间也增加了成本，选用包装箱前一定要进行精密计算。

包装表面干净：包装箱表面不能有多余的印刷物，给人不整洁的印象，也不能用于外贸运输。

形状规整：包装箱的外形多采用正方体或长方体，容易叠放，运输稳定性也高。尽量不要选择造型奇特的包装，增加搬运、装卸和摆放的风险，还有可能发生伤人事件，带来不必要的麻烦。

填充物使用正确：为了减少运输中的冲撞挤压，一般会在包装箱中使用填充物，如碎纸、泡沫、木粉等。为了真正达到填充效果，填充物材料的质量一定要好，且填充的量一定要合适，既要填满又不能过胀。

封装严实：包装的最后一定要检查是否封装严实，在运输途中包装散开，损失难以估计。

另外，对于较为特殊的商品，其包装就更需注意，具体要考虑以下几点：

①珍贵艺术品如书画、古董、手工艺品，一定要有保护罩，防止物品本身被损坏，同时防止磨损对物品艺术价值带来伤害。而且书画制品要防潮，金属制品要防腐蚀。

②易碎品如陶器、瓷器等一定要多层包装，外包装要足够大，留有填充物的空间。商品要单件包装，因为瓷器类的商品互相碰撞容易破碎。

③电子产品一定要注意防潮，不要用易产生静电的材料进行包装，可能对商品有损耗。

3.3.3 销售包装的标签类别

在商品销售包装上须有标签,用以说明商品的成分、品质、特点、功能、使用方法及生产日期等内容。不同国家对于进口商品的包装标签有不同的要求,如果不符合要求,商品可能会被退回。

因此,出口企业要根据要求制作商品标签。一般来说,出口商品的包装标签分为以下几大类:

安全标签:证明产品符合某些安全标准或规范的标签。

环保标签:证明产品具有环保性能的标签。

能效标签:证明产品具有节能性能以及产品的能效等级的标签。

信誉标签:证明产品优于其他同类商品的标签,但不涉及安全、环保或能效方面的信息。

符合性标签:证明产品符合某些国家标准或行业标准,但不涉及安全、环保或能效方面的信息。

警示标签:告知用户产品的危害性、注意事项、操作方法或禁止操作事项的标签。

产品分类标签:用于区分具有特殊定义的产品,或在同类产品中区分小类别的标签。如有机食品、保健食品、纯棉产品、纯羊毛产品、毛混纺产品、防缩羊毛产品、阻燃羊毛产品和防蛀羊毛产品等。

保养标签:使用方式的标签,但不包含安全或警示的信息。

零部件标签:用在零部件上的标签。

地理标签:说明原产地的标签。

信息标签:说明商品名称、成分、组成和技术参数等内容的标签。

3.3.4 运输包装的三种标志

商品运输的外包装也要贴上相关标志，传递对应的信息。运输包装上的标志主要有三种：运输标志（shipping mark）、指示标志（indicative mark）和警告标志（warning mark）。

（1）运输标志

运输标志又称作唛头，指用文字、图形和记号标明在货物的包装上，以便识别一批货物不同于另一批货物的标记。

由于运输标志的内容可能根据买卖双方的需要有较大差异，为避免过于繁杂，不适应运输与单据流转方面应用的需要，因此，联合国欧洲经济委员会简化国际贸易程序工作组在国际标准化组织和国际货物装卸协调协会的支持下，设立了一项运输标志，向各国推荐使用。该标准化运输标志由以下四项内容组成：

①收货人或买方名称的英文缩写字母或简称。

②参考号，如信用证号、合同号、运单号、订单号或发票号。

③目的港（地）名称。

④货物件数、批号。

至于根据某种需要而必须在运输包装上印刷的其他内容，如许可证号等，则不作为运输标志必要的组成部分。唛头在实际运输中一般分为正唛和侧唛，格式见表3-11。

表 3-11　唛头格式

分类	格式
正唛（front mark）	ABC COMPANY（公司名称） NEW YORK（目的地） CTN1-5000（箱号） ……
侧唛（side mark）	ITEM NO: DVD-456（产品编号） PO#××××（订单号） N.W.:××（净重） G.W.:××（毛重） MEAS:××（体积） ……

（2）指示标志

指示标志是根据商品的特性提出应注意的事项，在商品的外包装上用醒目的图形或文字表示。如在易碎商品的外包装上标以"小心轻放"标志，在受潮后易变质的商品外包装上标以"防止受潮"标志，并配以图形指示。故指示性标志又称为安全标志或注意标志。

为了统一各国运输包装指示标志的图形与文字，一些国际组织，如国际标准化组织、国际航空运输协会分别制定了包装储运指示性标志，并建议各会员国予以采纳。

（3）警告标志

警告标志一般指危险品标志，是用来表示危险品的物理、化学性质以及危险程度的标志。它可提醒人们在运输、储存、保管和搬运等活动中引起注意。

在"危险货物包装标志"中规定了危险货物包装图示标志的分类图形、尺寸、颜色及使用方法等。国际海事组织也制定了一套"国际海运危险货物规则"。在运输危险品时一定要按照有关规定刷制警告标志，并注意标志颜色需牢固、醒目，防止脱落、褪色。

3.3.5 环保包装成为新趋势

随着国际上保护环境、爱护地球、节约资源的呼声越来越高，国际市场对产品包装的要求也越来越严格。无害化、无污染、可再生利用的环保包装在商品出口贸易中起着举足轻重的作用。

鉴别环保包装的依据是 ISO 14000，各国均以此为标准推广环保包装模式。ISO 14000 规定，凡是国际贸易产品（包装）都要进行环境认证和生态评估，并使用环境标志。

对于中国出口商来说，这是需要注意的一大重点。具体来讲，环保包装主要体现在材料和节省两个方面：

- ◆ 环保包装材料大致包括可重复使用和可再生的包装材料、可食性包装材料、可降解材料和天然纸质材料等。
- ◆ 节省主要指用料省、废弃物少且节省能源，易于回收再利用，包装废弃物不产生二次污染。

因此，外贸企业应从环保包装材料的选择上做起，依据无害化、无污染、可再生利用的基本原则选择包装材料。现在复合环保材料因具有成本低、无污染、易回收再生等特点，成为很多外贸企业的选择。

外贸企业还需要注意，由于很多进口国对环保的要求不同，规定了不同的限制包装材料，企业要懂得规避。

如美国、菲律宾、新西兰和澳大利亚海关禁止进口商品用稻草包扎、包装或用作包装的辅助、填充材料；欧盟、美国、加拿大等限制进口货物采用木质包装。

第4章

办理货物的报关与保险

货物要想顺利出关,必须提前在海关处申报,确认信息无误,并接受检验检疫。因此外贸员必须对报关的有关事宜,如申报流程、提交资料等有全面的了解,这样实际操作时才能高效通过。

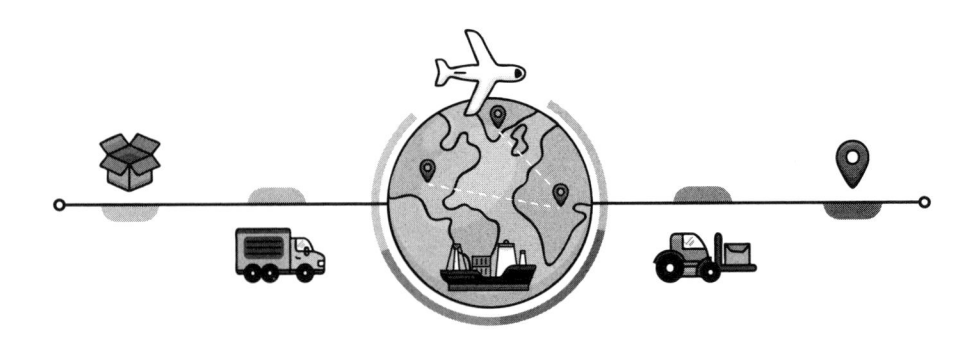

4.1 货物申报顺利出关

商品出关前需要进行申报,企业需按照规定的工作流程提供相应的资料,向各直属海关、隶属海关申请办理通关手续。为了高效完成通关手续,加快交易流程,外贸员对通关程序的相关内容应有基本的了解。

4.1.1 货物申报具体指什么

货物申报是指进出口货物的收发货人或受委托的报关企业,依照《中华人民共和国海关法》以及有关法律、行政法规和规章的要求,在规定的期限、地点,采用电子数据报关单或者纸质报关单形式,向海关报告实际进出口货物的情况,并且接受海关审核的行为。货物申报的设定依据见表4-1。

表4-1 货物申报的设定依据

货物申报的设定依据	具体内容
《中华人民共和国海关法》(2021年修订)	第二十四条 进口货物的收货人、出口货物的发货人应当向海关如实申报,交验进出口许可证件和有关单证。国家限制进出口的货物,没有进出口许可证件的,不予放行,具体处理办法由国务院规定。 进口货物的收货人应当自运输工具申报进境之日起十四日内,出口货物的发货人除海关特准的外应当在货物运抵海关监管区后、装货的二十四小时以前,向海关申报。 进口货物的收货人超过前款规定期限向海关申报的,由海关征收滞报金。 第二十五条 办理进出口货物的海关申报手续,应当采用纸质报关单和电子数据报关单的形式
海关进出口货物申报管理规定	第七条 进出口货物的收发货人、受委托的报关企业应当依法如实向海关申报,对申报内容的真实性、准确性、完整性和规范性承担相应的法律责任

外贸报关员在申报之前首先要确定企业是否满足基本的申报条件,具体如下。

- 向海关办理申报手续的进出口货物的收发货人、受委托的报关企业应当预先在海关依法办理登记注册。
- 为进出口货物的收发货人、受委托的报关企业办理申报手续的人员，应当是在海关备案的报关人员。

4.1.2 按流程进行申报

现在的货物申报流程已经非常精简，只涉及一个申报单位，外贸报关员准备好基本的申报材料后，向海关提交即可，具体流程如图 4-1 所示。

```
[进口转关运输货物申报]
自运输工具申报进境之日起十四日内，向进境地海关办理转关运输手续，有关货物应自运抵指运地之日起十四日内向指运地海关申报

[出口货物申报]
在货物运抵海关监管区后、装货的二十四小时以前向海关申报

[进口货物申报]
自运输工具申报进境之日起十四日内向海关申报

有纸 → 收发货人或受委托的报关企业发送报关单电子数据
通关无纸化 → 收发货人或受委托的报关企业发送报关单电子数据（含随附单证扫描件）

海关审核
  不通过 → 海关不接受申报 → 退回 → 收发货人或受委托的报关企业修改报关单数据
  通过 → 海关审结电子报关单 → 分类通关
    → 收发货人或受委托的报关企业递交纸质报关单
    未在规定期限内提交的 → 海关删除电子数据报关单 → 重新申报
    自接到海关通知之日起十日内办理手续。特殊情况下经海关同意，允许先采用纸质报关单形式申报，电子数据事后补报，补报的电子数据应当与纸质报关单内容一致
    → 海关审核纸质单证
      内容不符且无违法情况 → 重新提交 → 收发货人或受委托的报关企业提交与报关单电子数据相符的单证或有关说明的申请
      → 海关结束审核

海关审核（无纸化） 通过 → 海关审结电子报关单 → 分类通关 → 计算机或者人工审核无纸化数据 → 转有纸
```

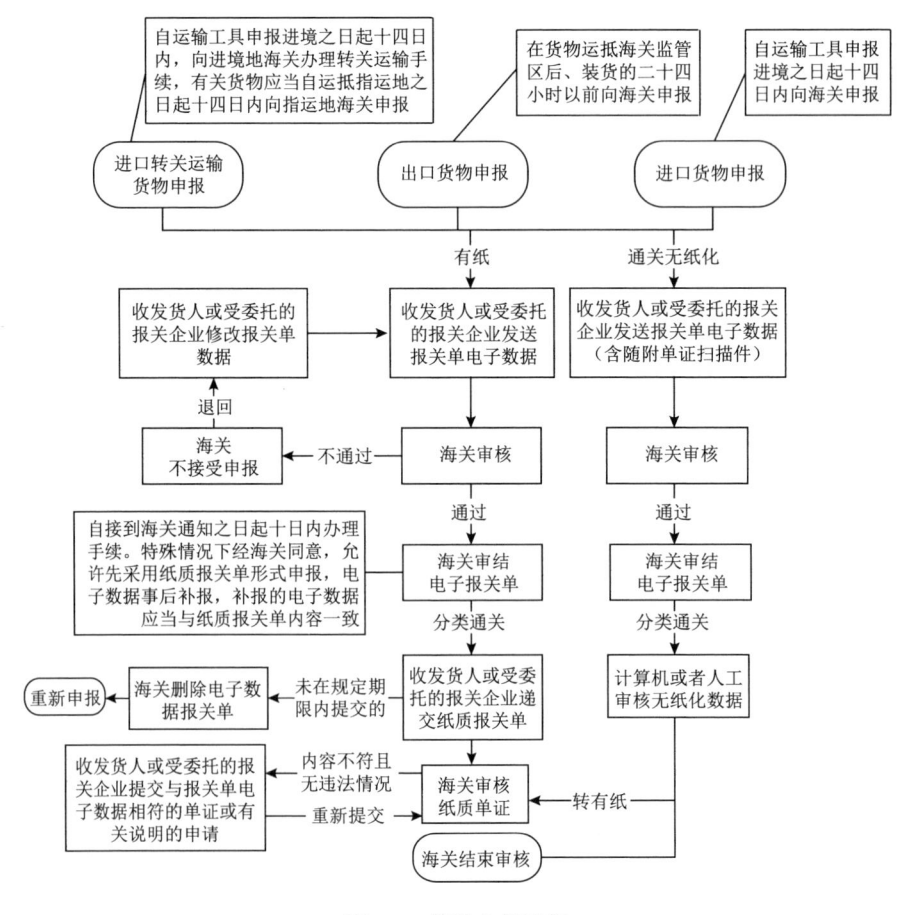

图 4-1　货物申报流程

除了报关单外，可能还需准备一些辅助单据及资料，这些资料应该提前准备好，以免临时需要再去寻找耽误不少的时间，具体如下：

①合同、发票、运输单据和装箱单等商业单据；

②进出口所需的许可证件及随附单证；

③海关总署规定的其他进出口单证。

4.1.3 熟悉报关单的内容

海关受理审核的关键材料便是进出口货物报关单，因此，报关员应对报关单的具体内容有基本了解，这样在填报之前能够大致清楚所填内容以及应该怎么填写，以免审核未通过，重新填写提交。

进出口货物报关单是指进出口货物收发货人或其代理人，按照海关规定的格式对进出口货物的实际情况作出书面申明，以此要求海关对其货物按适用的海关制度办理通关手续的法律文书。它在对外经济贸易活动中具有十分重要的法律地位，既是海关监管、征税、统计以及开展稽查和调查的重要依据，又是加工贸易进出口货物核销以及出口退税和外汇管理的重要凭证，也是海关处理走私、违规案件及税务、外汇管理部门查处骗税和套汇犯罪活动的重要证书。

为统一进出口货物报关单填报要求，保证报关单数据质量，根据《中华人民共和国海关法》及有关法规，制定了"进出口货物报关单填制规范"。报关员需要根据此规范的内容填报报关单，填报内容包括以下一些项目。

境内收发货人、进出境关别、进出口日期、申报日期、备案号、运输方式、运输工具名称及航次、提运单号、监管方式、征免性质、许可证号、启运费、成交方式、运费、保费、杂费、合同协议号、件数、包装种类、毛重（千克）、净重（千克）、随附单据及编号、标记唛码及备注、项号、商品编号、商品名称及规格型号、数量及单位等。

按进出口状态分类，报关单可分为进口货物报关单和出口货物报关单，

图 4-2 和图 4-3 为参考样本。

预录入编号：　　海关编号：　　页码/页数：

<table>
<tr><td>境内收货人</td><td colspan="2">进境关别</td><td colspan="2">进口日期</td><td colspan="2">申报日期</td><td>备案号</td></tr>
<tr><td>境外发货人</td><td colspan="2">运输方式</td><td colspan="2">运输工具名称及航次号</td><td colspan="2">提运单号</td><td>货物存放地点</td></tr>
<tr><td>消费使用单位</td><td colspan="2">监管方式</td><td colspan="2">征免性质</td><td colspan="2">许可证号</td><td>启运港</td></tr>
<tr><td>合同协议号</td><td colspan="2">贸易国（地区）</td><td colspan="2">启运国（地区）</td><td colspan="2">经停港</td><td>入境口岸</td></tr>
<tr><td>包装种类</td><td>件数</td><td>毛重（千克）</td><td>净重（千克）</td><td>成交方式</td><td>运费</td><td>保费</td><td>杂费</td></tr>
<tr><td colspan="8">随附单据及编码</td></tr>
<tr><td colspan="8">标记唛码及备注</td></tr>
</table>

项号	商品编号	商品名称及规格型号	数量及单位	单价	总价	币制	原产国（地区）	最终目的国（地区）	境内目的地	征免
1										
2										
3										

<table>
<tr><td>报关人员　　报关人员证号　　电话　　兹申明对以上内容承担如实申报、依法纳税之法律责任
申报单位　　申报单位（签章）</td><td>海关批注及签章</td></tr>
</table>

图 4-2　进口货物报关单

预录入编号：　　海关编号：　　页码/页数：

<table>
<tr><td>境内发货人</td><td colspan="2">出境关别</td><td colspan="2">出口日期</td><td colspan="2">申报日期</td><td>备案号</td></tr>
<tr><td>境外收货人</td><td colspan="2">运输方式</td><td colspan="2">运输工具名称及航次号</td><td colspan="3">提运单号</td></tr>
<tr><td>生产销售单位</td><td colspan="2">监管方式</td><td colspan="2">征免性质</td><td colspan="3">许可证号</td></tr>
<tr><td>合同协议号</td><td colspan="2">贸易国（地区）</td><td colspan="2">运抵国（地区）</td><td colspan="2">指运港</td><td>离境口岸</td></tr>
<tr><td>包装种类</td><td>件数</td><td>毛重（千克）</td><td>净重（千克）</td><td>成交方式</td><td>运费</td><td>保费</td><td>杂费</td></tr>
<tr><td colspan="8">随附单据及编码</td></tr>
<tr><td colspan="8">标记唛码及备注</td></tr>
</table>

项号	商品编号	商品名称及规格型号	数量及单位	单价	总价	币制	原产国（地区）	最终目的国（地区）	境内货源地	征免
1										
2										
3										

<table>
<tr><td>报关人员　　报关人员证号　　电话　　兹申明对以上内容承担如实申报、依法纳税之法律责任
申报单位　　申报单位（签章）</td><td>海关批注及签章</td></tr>
</table>

图 4-3　出口货物报关单

以上仅为进出口货物报关单的参考样本，具体填制时可能会有变化，以实际填制单据为准。

4.1.4　什么是无纸化通关

无纸化通关是利用中国电子口岸及现代海关业务信息化系统功能，改变海关验核进出口企业递交书面报关单及随附单证办理通关手续的做法，直接对企业联网申报的进出口货物报关单电子数据进行无纸审核、验放处理的通关模式。通关作业无纸化流程如图4-4所示。

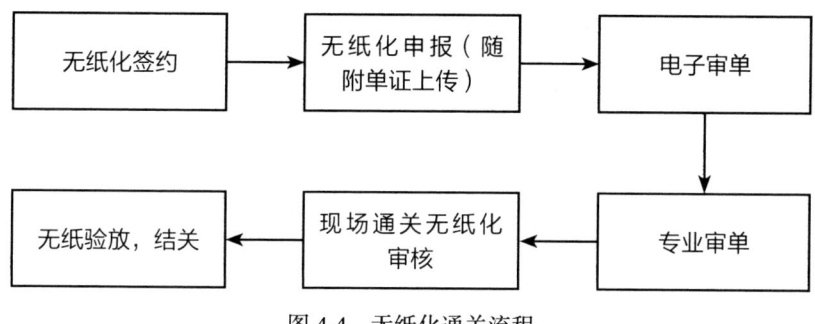

图4-4　无纸化通关流程

报关企业和经营单位首先须提前与当地海关签署通关作业无纸化三方协议，企业可用法人卡登录中国国际贸易单一窗口。在窗口"全部应用"菜单栏选择"口岸执法申报"→"货物申报"选项，在该界面中单击"通关无纸化协议"超链接进入申请页面，如图4-5所示，签约申请发出后，海关即时完成签约审核。签约查询状态若显示为"签约海关审批通过"，即签约成功，无回执。

签约成功后，企业就能进行无纸化申报了，可以通过"中国国际贸易单一窗口"的"货物申报"选项进入"货物申报"页面，开始报关。

或是在海关总署互联网+海关页面进行货物申报，如图4-6所示。

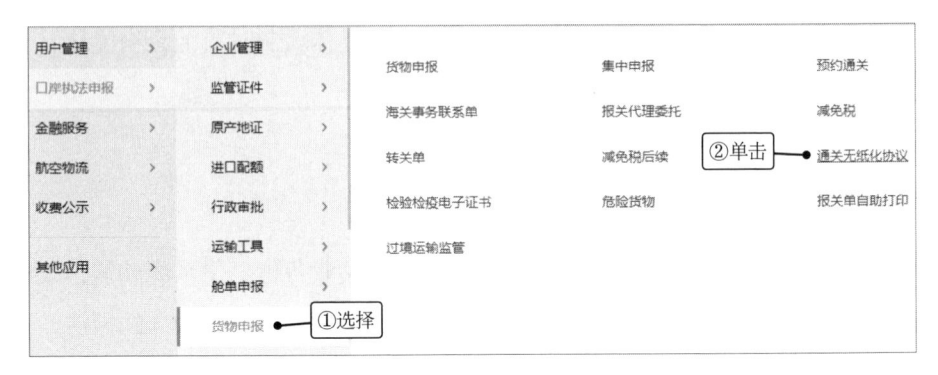

图 4-5 通关无纸化协议入口

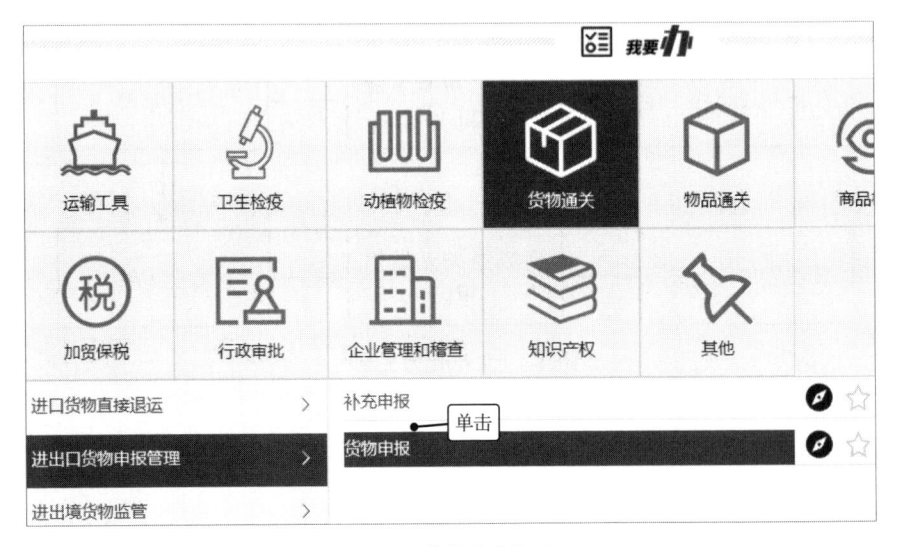

图 4-6 "货物申报"入口

信息拓展 无纸化通关"随附单据"注意事项

进行无纸化报关，企业需要上传发票、箱单、纸质委托协议及海关要求的其他单据的 PDF 文档。每个文件大小不能超过 200 KB，总共大小不能超过 20 MB。

4.1.5 事先取得报关权

进出口货物的收发货人自行办理报关手续即为自理报关，自理报关单位必须具有对外贸易经营权和报关权。因此，若企业是首次报关，还需进行"报关企业备案"，现在有三种方式可以办理海关报关单位备案。

第一种是通过"多证合一"方式，申请人在市场监管部门进行市场主体登记时，根据企业经营需求可勾选报关单位备案，并补充相关备案信息。市场监管部门按照"多证合一"流程完成登记，并与海关数据共享，企业无须再向海关提交备案申请。

第二种即通过海关总署互联网＋海关一体化平台，在首页"我要办→企业管理和稽查"菜单栏选择"报关企业备案"选项，按系统指导顺序申办，如图 4-7 所示。

图 4-7　报关企业备案入口

第三种即登录中国国际贸易单一窗口，在"全部应用"模块选择"口岸执法申报－企业管理"选项，并单击右侧的"企业资质"超链接进行备案申请，如图4-8所示。

图4-8 "企业资质"入口

网上提出备案申请，首先要在线填写企业基本信息及投资人员信息，然后下载"报关单位备案信息表"，填写后加盖企业公章并上传，完成申报。如图4-9所示为"报关单位备案信息表"的填写示范，企业可作参考。

图4-9 报关单位备案信息表填写示范

海关审核通过报关单位备案后，备案信息通过"中国海关企业进出口信用信息公示平台"进行公布。如报关单位需要提供纸质备案证明的，可以到注册地海关索要"海关进出口货物收发货人备案回执",也可以通过"中国国际贸易单一窗口"自行打印"海关进出口货物收发货人备案回执"。

4.1.6 代理报关如何实施

除了自理报关,企业还可以通过代理报关完成报关程序。代理报关指接受进出口货物收发货人的委托代理其办理报关手续的行为。代理报关根据承担的法律责任不同,又可以分为直接代理报关和间接代理报关。

- 直接代理报关是以委托人的名义报关,代理人代理行为的法律后果直接作用于被代理人。
- 间接代理报关是以报关企业自身的名义报关,报关企业承担其代理行为的法律后果。

我国报关企业大都采用直接代理报关,间接代理报关只适用于经营快件业务的国际货物运输代理企业。现如今,经营单位可以在线办理报关代理委托。基本流程有以下五个步骤:

①登录中国国际贸易单一窗口,进入"全部应用"→"标准版应用"→"货物申报"→"报关代理委托"版块进行操作。

②通过页面左侧"委托关系管理→报关企业查询"功能,输入或选择"报关企业名称""报关企业海关编码""统一社会信用代码""主管海关"和"海关管理类别"任意条件,精准查询。在查询结果列表中可以查看报关企业详情,发起委托申请,签订委托协议。

③选中确定的报关企业序号前的复选框,列表上方的三个按钮会被点亮,单击"发起委托申请"按钮,按系统程序发起申请。

④通知报关行进行确认。

⑤一旦被委托方确认后，便可签订委托协议，录入委托协议的具体内容，包括委托方、被委托方、主要货物名称、HS编码、进/出口日期、货物总价、收到单证日期、收到单证情况、提（运）单号、贸易方式、数（重）量、包装情况、原产地/货源地（地区）和报关收费等。后续可通过左侧边栏"查询统计－委托关系查询"功能，查询委托状态，若是查询结果列表的委托书状态为"确认"，便可点击"签订委托协议"按钮。

信息拓展 "自动确认开关管理"功能

为提高工作效率，经营单位用户可以根据自身业务的实际情况，自行选择对某些报关企业开启电子委托协议的自动确认功能。开启该功能后，报关企业发起的委托协议不需要经营企业登录系统手工逐票确认，系统将自动进行确认处理，确认后委托协议即生效。

需要注意，开通自动确认功能需要满足一个条件，即经营单位、报关企业之间的委托关系（委托书）已经建立，并处于有效期内。

代理报关涉及委托方（经营企业）和被委托方（报关单位）两个当事方，在签订委托协议前，双方应对各自的责任进行明确，具体见表4-2。

表4-2 代理报关双方责任

代理报关双方	涉及责任
委托方	①在报关企业办结海关手续后，委托方要及时履约、支付代理报关费用、垫支费用以及因委托方责任产生的滞报金、滞纳金和海关等执法单位依法处以的各种罚款 ②按照海关要求将货物运抵指定场所 ③与被委托方报关员一同协助海关进行查验，回答海关的询问，配合相关调查，并承担产生的相关费用 ④在被委托方无法做到报关前提取货样的情况下，承担单货相符的责任
被委托方	①对委托方提供的货物情况和单证的真实性、完整性进行合理审查

续表

代理报关双方	涉及责任
被委托方	②在接到委托方交付齐备的随附单证后,负责依据委托方提供的单证,按照"海关进出口报关单填制规范"认真填制报关单,承担"单单相符"的责任,在海关规定和委托报关协议中约定的时间内报关,办理海关手续 ③负责及时通知委托方共同协助海关进行查验,并配合海关开展相关调查 ④负责支付因报关企业的责任给委托方造成的直接经济损失及所产生的滞报金、滞纳金和海关等执法单位依法处以的各种罚款 ⑤负责在委托书约定的时间内将办结海关手续的有关委托内容的单证、文件交还委托方或其指定的人员(详见"委托报关协议""其他要求"栏) ⑥不承担因不可抗力给委托方造成损失的责任

除了需要明确彼此的责任,报关费用也是不得不考虑的重点。一般来说货物报关收费原则上按当地"报关行业收费指导价格"规定执行,特殊商品可由双方另行商定。而且签约双方各自不承担因另外一方原因造成的直接经济损失以及滞报金、滞纳金和相关罚款。

信息拓展 委托报关协议的重要性

委托报关协议就是代理报关委托书,是在海关进行进出口报关所申报的海关单证文件,是托运人委托承运人或其代理人办理报关等通关事宜、明确双方责任和义务的书面证明。

4.1.7 特殊情况需要转关

转关是指企业或工厂的进出口权等在 A 地海关备案,而货物出入境地区却在 B 地,所以需要中途转运货物,并办理转关手续。转关可分为下面三种类型:

◆ 进口转关:从进境地入境到指运地海关办理海关手续;(进境地→指运地)

- 出口转关：货物在启运地办理出口海关手续运往出境地，由出境地海关放行；（启运地→出境地）
- 境内转关：海关监管货物从境内一个设关地点运往境内另外一个设关地点。（启运地→指运地）

企业要办理转关手续应该满足以下条件：

①转关的指运地和启运地必须设有海关。

②转关的指运地和启运地应当设有经海关批准的监管场所。

③转关承运人应当在海关注册登记，承运车辆符合海关监管要求，并承诺按海关对转关路线范围和途中运输时间所作的限定将货物运往指定的场所。

满足条件又需要办理转关手续的企业，该如何申请转关呢？主要有三大转关方式，具体见表4-3。

表4-3 转关方式

方式		具体介绍
提前报关转关	出口提前报关转关	货物运抵启运地监管场所前先申报，货物运抵监管场所后再办理转关手续。出口转关货物应于电子数据申报之日起5日内，运抵启运地海关监管场所，办理转关和验放等手续，超过期限的，启运地海关撤销提前报关的数据
	进口提前报关转关	货物先在指运地申报，再到进境地办理转关手续。进口报关货物应在电子数据申报之日起的5日内，向进境地海关办理转关手续，超过期限仍未到进境地海关办理转关手续的，指运地海关撤销提前报关的数据
直转	出口直转	出境货物在运抵启运地海关监管场所报关后，再向出境地海关办理转关手续。在海关规定的期限内运抵指运地之日起14日内，向指运地海关办理报关
	进口直转	货物先在进境地办理转关手续，到指运地后办理进口报关手续。进口货物在运输工具申报进境之日起14日内，向进境地海关办理转关手续

续表

方式		具体介绍
中转	出口中转	具有全程提运单，需换装境内运输工具的出口中转货物由发货人或其代理人先向起运地海关办理出口申报手续，再由境内承运人或其代理人按出境运输工具分列舱单向起运地海关批量办理转关手续，并到出境地海关办理出境的转关手续
	进口中转	具有全程提运单，需换装境内运输工具的进口中转货物由收货人或其代理人先向指运地海关办理进口申报手续，再由境内承运人或其代理人批量向进境地海关办理转关手续

下面通过图4-10了解转关的基本程序，有助于外贸员清楚各项转关手续的办理。

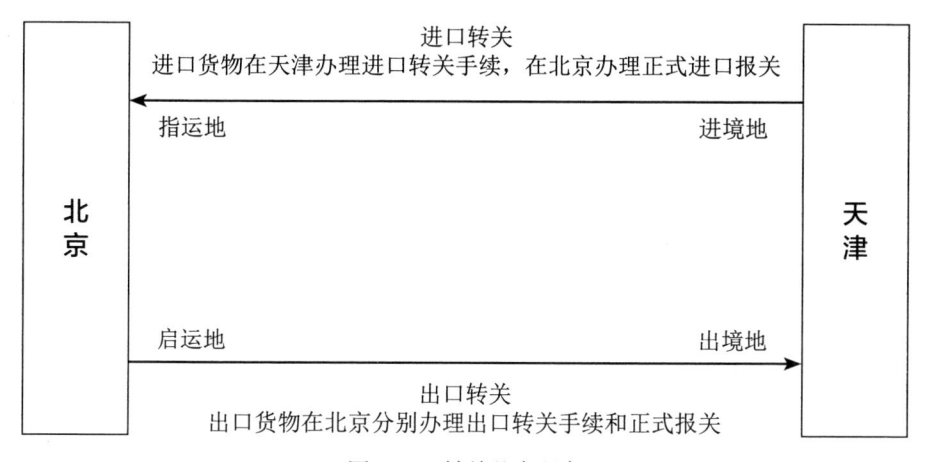

```
                    进口转关
         进口货物在天津办理进口转关手续，在北京办理正式进口报关
         ←─────────────────────────────────────────────
         指运地                              进境地
  北                                                           天
  京                                                           津
         启运地                              出境地
         ─────────────────────────────────────────────→
                    出口转关
         出口货物在北京分别办理出口转关手续和正式报关
```

图4-10 转关基本程序

信息拓展 不得申请转关的货物

并不是所有的货物都可以申请转关，以下四类货物不得申请转关：①进口的固体废物（废纸除外）；②进口易制毒化学品、监控化学品、消耗臭氧层物质；③进口汽车整车，包括成套散件和二类底盘；④国家检验检疫部门规定必须在口岸检验检疫的商品。

外贸员要办理转关手续，可以通过中国国际贸易单一窗口在线办理，通过"全部应用→口岸执法申报→货物申报→转关单"进入申报系统，如图 4-11 所示。系统主要包括进 / 出口转关单录入申报、车次确认 / 反确认、报关单捆绑以及查询统计等功能，可满足直转、退运和过境等不同转关业务预录入的需要。

图 4-11 "转关单"入口

> **信息拓展** **"转关单"系统功能释义**
>
> **车次确认**：运输工具承运人或其代理人在转关运输车辆进入海关监管场所（车检场）前，确认本车次所对应运载的载货清单以及区域通关模式等内容。
>
> **车次反确认**：运输工具承运人或其代理人在转关运输车辆进入海关监管场所（车检场）前，删除本车次所对应运载的载货清单信息。
>
> **报关单捆绑**：货主或其代理企业可对转关单与报关单进行捆绑。

4.1.8 如需退关该怎么办

对已办理了进出境海关手续的货物，由于国外客户取消订单、货物装错、集装箱重量超重、海关查验后不符合出口条件和不可抗力等原因，在征得海关同意后，货物取消进出口并按海关规定办理退关手续，这类货物称为退关货物。退关需办理退关手续。

即使是出口退关，同样要走报关程序，出口退关货物的报关程序如下：

①出口货物发货人及其代理人应当在得知货物未装上运输工具，并决定不再出口后，向海关申请退关。

②经海关核准且撤销出口申报后方能将货物运出海关监管场所。

③已经缴纳出口税的退关货物，可以在缴纳税款之日起一年内，提出书面申请，向海关申请退税。出口货物办理退税后发生退货或者退关的，纳税人应当依法补缴已退的税款。

④出口货物的发货人及其代理人办理出口货物退关手续后，海关应对所有单证予以注销，并删除有关报关数据。

程序第一步向海关申请退关的手续较为复杂，大致要经过图 4-12 所示的几个步骤。

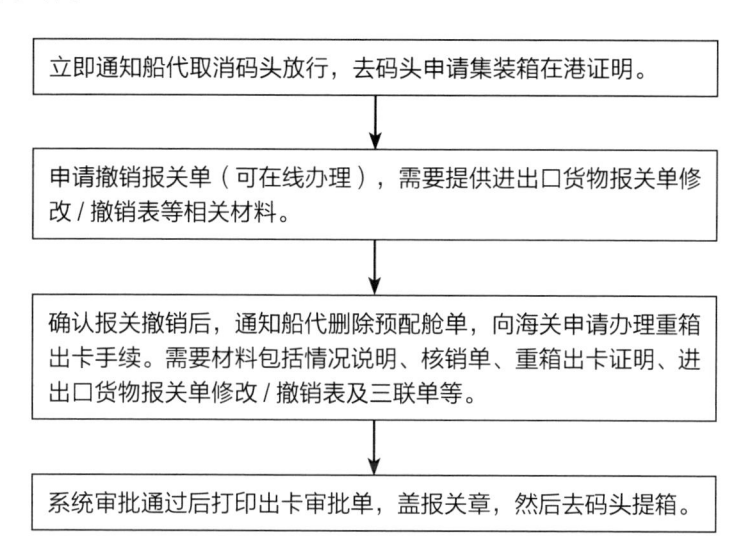

```
┌─────────────────────────────────────────────┐
│ 立即通知船代取消码头放行，去码头申请集装箱在港证明。│
└─────────────────────────────────────────────┘
                    ↓
┌─────────────────────────────────────────────┐
│ 申请撤销报关单（可在线办理），需要提供进出口货物报关单修│
│ 改/撤销表等相关材料。                          │
└─────────────────────────────────────────────┘
                    ↓
┌─────────────────────────────────────────────┐
│ 确认报关撤销后，通知船代删除预配舱单，向海关申请办理重箱│
│ 出卡手续。需要材料包括情况说明、核销单、重箱出卡证明、进│
│ 出口货物报关单修改/撤销表及三联单等。            │
└─────────────────────────────────────────────┘
                    ↓
┌─────────────────────────────────────────────┐
│ 系统审批通过后打印出卡审批单，盖报关章，然后去码头提箱。│
└─────────────────────────────────────────────┘
```

图 4-12　申请退关的步骤

在线办理撤销报关单有两种方式，分别如下：

◆ 进入“海关总署互联网 + 海关”首页，通过“我要办”→“货物通关”→“报关单修改和撤销”系统办理。

◆ 进入中国国际贸易单一窗口页面，通过“全部应用”→“标准版应用”→“货物申报”→“修撤单”→“撤销申请”系统办理。

进入撤销申请页面后，要如实填写撤销原因、联系人及联系方式等内容后，即可进行申报操作。

如有需要，可打印“进出口货物报关单修改 / 撤销表”，如图 4-13 所示。

进出口货物报关单修改/撤销表

编号：××海关〔××年〕××号

报关单编号	000000000000000000	报关单类别	□ 进口 □ 出口
经营单位名称	××公司	具体事项	□ 修改 □ 撤销
报关单位名称	××公司		

修 改 / 撤 销 内 容

报关单数据项		项号	原填报内容	应填报内容
重点项目	商品编号			
	商品名称及规格型号			
	币制			
	单价			
	总价			
	原产国(地区)/最终目的国(地区)			
	贸易方式(监管方式)			
	成交方式			
其他项目				

修改或者撤销原因：

□ 出口货物放行后，由于装运、配载等原因造成原申报货物部分或者全部退关、变更运输工具的；

□ 进出口货物在装载、运输、存储过程中因溢短装、不可抗力的灭失、短损等原因造成原申报数据与实际货物不符的；

□ 由于办理退补税、海关事务担保等其他海关手续需要修改或者撤销的；

□ 根据贸易惯例先行采用暂时价格成交、实际结算时按商检品质认定或者国际市场实际价格付款方式需要修改申报内容的；

□ 已申报进口货物办理直接退运手续时，需要修改或者撤销原进口货物报关单的；

□ 由于计算机、网络系统等方面的原因导致电子数据申报错误的；

□ 由于报关人员操作或者书写失误造成所申报的报关单内容有误的。

其他需要说明的情况：

兹声明以上理由和内容无讹，随附证明资料真实有效，如有虚假，愿承担法律责任。

单位印章

年　月　日

海关意见：

同意

海关印章

年　月　日

图 4-13　“进出口货物报关单修改 / 撤销表”基本格式

信息拓展 申请退关所用单据释义

核销单：出口收汇核销单指由国家外汇管理局制发，出口单位和受托行及解付行填写，海关凭此受理报关，外汇管理部门凭此核销收汇的有顺序编号的凭证（核销单附有存根）。

预配舱单：预配舱单是指船代公司依据出口公司订舱信息生成预配舱单数据，预配舱单的报文与进口舱单、出口清洁舱单的报文格式一样，同时是报关员、海关用来进行进出口通关查询的重要资料依据。

三联单：十联单中的第五、六、七联。去船公司订舱时用的是十联单，一般只有八联，前三联给船公司，订好舱船后公司就拿走了。五、六、七联为报关用，第五联在报关完成后，海关会在上面敲放行章，做放行之用；第六联交港口外轮理货；第七联是场站收据联，证明船公司收到上船的箱子，敲上场站收据章后，拿回来作为签发提单之用。

4.1.9 关于截关、截港和截单

截关、截港和截单是指外贸中货物出运的各种时间状态，其各自的定义和区别见表4-4。

表4-4 截关、截港和截单

时间状态	定义	具体时限	超过后果
截关	截放行条时间，指截止报关放行的时间，货物必须要在此时间之前做好报关放行工作，递交海关放行条（场站收据，又称下货纸）给船公司	船开日前1~2天（散货提前5~7天），且一般是在截港时间后半个工作日	船公司将视该货物未能清关放行，不允许上船
截港	在该时间之前，装好货的货柜可以入码头或入仓库	船开日前1~2天（散货提前5~7天）	不可以再进入码头
截单	船公司最后更改提单格式的时间	一般是船开日前4~5天（没有具体标准）	修改提单将会产生改单费用

在外贸业务中，对于截关时间常有几截几开的说法，截 = 截关，开 = 开船，比如"3 截 5 开"，即为周五开船，周三截关，企业必须在周三前装箱进港，最晚周三报关，周三必须到港区放行。

4.1.10 海关编码传递信息

海关编码即为 HS 编码，为编码协调制度的简称，其全称为《商品名称及编码协调制度的国际公约》（International Convention for Harmonized Commodity Description and Coding System），简称协调制度（harmonized system，缩写为 HS）。

HS 采用六位数编码，把全部国际贸易商品分为 22 类、98 章。章以下再分为目和子目。商品编码第一、二位数码代表"章"，第三、第四位数码代表"目"（heading），第五、六位数码代表"子目"（subheading）。表 4-5 为 HS 编码分类的不同属性。

表 4-5 HS 编码分类属性

分类	属性
类	按经济部门划分，如活动物、动物产品为第一类；植物产品为第二类；矿产品为第五类等
章	按商品原材料的属性分类，相同原料的产品一般归入同一章，章内按产品的加工程度从原料到成品顺序排列
章	按商品的用途或性能分类，制造业的许多产品很难按原料分类，尤其是可用多种材料制作的产品或由混合材料制成的产品及机电仪产品等
目／子目	按原料或加工程序排列

前 6 位数是 HS 国际标准编码，HS 有 1 241 个四位数的税目，5 113 个六位数子目。有的国家根据本国的实际，已分出第七、八、九位数码。我国目前使用的 HS 编码一共 10 位，其中前面 8 位称为主码，后两位称为附加码。在实际使用时，最后两位附加码多为"00"，没有实际意义。当然

也有例外的情况，如"94035099"，商品名称为其他卧室用木家具，其下还分有两条子目，分别为：

9403509910——卧室用其他濒危木家具；

9403509990——卧室用其他木家具。

对于10位编码的所属章节是怎样划分的呢？下面我们通过表4-6的内容来了解。

表4-6 编码"9403509910"的所属章节

编码位数	数字	所属章节
一二位	94	第94章 家具；寝具、褥垫、弹簧床垫、软坐垫及类似的填充制品；未列名灯具及照明装置；发光标志、发光铭牌及类似品；活动房屋
三四位	03	其他家具及其零件
五六位	50	卧室用木家具
七八位	99	其他卧室用木家具
九十位	10	卧室用其他濒危木家具

确定商品编码能提高查询商品相关数据、填报报关资料的效率，但若外贸员不知道如何划分产品的所属章节又该怎么办呢？

这时外贸员可通过HS编码查询工具，帮助自己确定商品编码，并了解其对应税率、申报要素和检验检疫类别。外贸员在搜索引擎中可以搜索到很多编码查询工具的网址，如HS编码查询、立刻查和hscode。以"HS编码查询"网站为例，来看看如何利用商品品名确定编码。

进入HS编码查询网站，在搜索框中输入"木制婴儿床"，单击"查询"按钮，如图4-14所示。

图 4-14　搜索木制婴儿床

在搜索结果页可以看到与品名"木制婴儿床"有关的商品编码，如图 4-15 所示。外贸员可根据编码详情选择与产品对应的编码。

商品编码	商品名称	计量单位	出口退税率(%)	监管条件	检验检疫
9403509990	木制婴儿床	件/千克	13%	A,B	M,P,Q
9403509990	婴儿床(木制)	件/千克	13%	A,B	M,P,Q
9403509990	木制婴儿床/mothercare牌	件/千克	13%	A,B	M,P,Q
4421999090	木制婴儿床配件	千克	13%	A,B	P,Q
9403509990	木制婴儿床 MOTHERCARE牌	件/千克	13%	A,B	M,P,Q
9403509990	木制婴儿床 9012346	件/千克	13%	A,B	M,P,Q
9403509990	木制婴儿床 7312-207	件/千克	13%	A,B	M,P,Q
9403509990	木制婴儿床 2123321	件/千克	13%	A,B	M,P,Q
9403509990	木制婴儿床 7161607	件/千克	13%	A,B	M,P,Q
9403509990	木制婴儿床 9535497	件/千克	13%	A,B	M,P,Q
9403509990	木制婴儿床 6390242	件/千克	13%	A,B	M,P,Q
9403509990	橡胶木制婴儿床	件/千克	13%	A,B	M,P,Q
9503006000	木制玩具(婴儿房)	套/千克	13%	A	L,M
9503001000	木制玩具:婴儿车	辆/千克	13%		L
9403609990	木制婴儿围栏	件/千克	13%	A,B	P,Q
9503008900	木制婴儿摇铃	个/千克	13%	A	L,M
9503008900	婴儿木制摇铃	个/千克	13%	A	L,M
9403609990	木制婴儿更衣台	件/千克	13%	A,B	P,Q
4421999090	婴儿木制防护栏	千克	13%	A,B	P,Q
9403509990	木制婴儿床 松木制	件/千克	13%	A,B	M,P,Q

图 4-15　选择与品名对应的商品编码

如何查看编码详情呢？外贸员单击对应的编码数字（列表第一列），便可看到编码基本信息、税率信息、申报要素和所属章节等内容，如图4-16所示。

基本信息	
商品编码	9403509990
商品名称	卧室用其他木家具
商品描述	
编码状态	正常
更新时间	2023/1/4

税率信息	
计量单位	件/千克
出口税率	0
出口退税税率	13%
出口暂定税率	
增值税率	13%
最惠国税率	0
进口暂定税率	
进口普通税率	100%
消费税率	-

图4-16　编码详情

4.1.11　不要忘记货物报检

报关和报检都是办理进出口通关的过程之一，报检是指出口前产品的生产、经营部门或进口商品的收货、用货或代理核运部门按照《进出口商品检验法实施条例》的规定，向海关业务主管部门进行检验检疫申请。

现如今，货物的报关报检合二为一，在货物申报时就能一并办理。如在中国国际贸易单一窗口"货物申报"版块，可进行入境检验检疫申请和出境检验检疫申请。申请审核通过之后的电子数据，可以在报关申报时被调用。

以出境检验检疫申请为例，在"货物申报"版块左侧菜单中单击"出口整合申报－出境检验检疫申请"，右侧即可显示录入界面，包括基本信息、商品信息、基本信息（其他）和集装箱信息等，如图4-17所示。

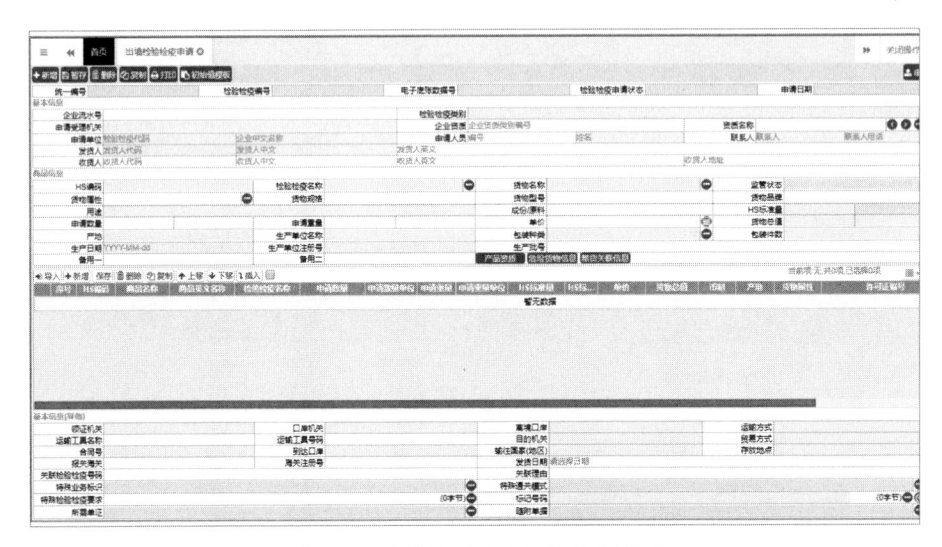

图4-17 出境检验检疫申请录入页面

界面中的录入要求，总体说明如下：

◆ 灰色字段（例如统一编号、检验检疫编号、电子底账数据号等）表示不允许录入，系统将根据相应操作或步骤后自动返填；

◆ 部分字段内的灰色字体为录入提示，需如实填写相关内容；

◆ 申请受理机关、用途、到达口岸等字段，需要在参数中进行调取，不允许随意录入。使用键盘空格键，可调出下拉菜单并在其中进行选择。也可以输入已知的相应数字、字母或汉字，迅速调出参数，选择后按回车键确认录入。关于键盘操作，可参考重要提醒中的相关描述；

- 日期类字段（例如生产日期、发货日期等），单击录入框，在系统弹出的日历中进行选择；
- 勾选类字段（例如拼箱标识等），根据实际业务填写。选中代表“是”，不选代表“否”。

申请商品检验所需要的材料主要包括：合同、发票、装箱清单、提（运）单、代理报关授权委托协议（盖章）等，出口货物需提供厂检证明（盖章）。这些材料是必要的（其他单据应根据实际业务选择填写或咨询相关业务主管部门），应在“随附单据”部分进行录入与保存。

首先将基本信息保存成功，单击页面下方“随附单据”右侧圆形按钮，弹出录入界面，扫描上传随附单据，图 4-18 为“随附单据”编辑页面。

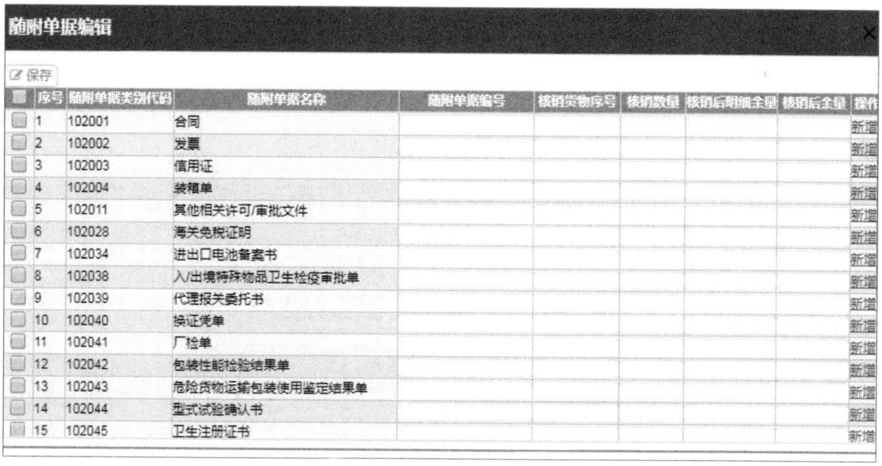
随附单据编辑

保存

序号	随附单据类别代码	随附单据名称	随附单据编号	核销货物序号	核销数量	核销后明细余量	核销后余量	操作
1	102001	合同						新增
2	102002	发票						新增
3	102003	信用证						新增
4	102004	装箱单						新增
5	102011	其他相关许可/审批文件						新增
6	102028	海关免税证明						新增
7	102034	进出口电池备案书						新增
8	102038	入/出境特殊物品卫生检疫审批单						新增
9	102039	代理报关委托书						新增
10	102040	换证凭单						新增
11	102041	厂检单						新增
12	102042	包装性能检验结果单						新增
13	102043	危险货物运输包装使用鉴定结果单						新增
14	102044	型式试验确认书						新增
15	102045	卫生注册证书						新增

图 4-18　“随附单据编辑”页面

录入信息和材料后，单击“申报”按钮即可完成操作，而这仅仅是报检程序的第一个环节，之后还要经历抽样、检验和签发证书三个环节，具体如下：

抽样：主管海关接受报验之后，及时派员赴货物堆存地点进行现场检验、鉴定。抽样时，要按照规定的方法和一定的比例，在货物的不同部位抽取一定数量的、能代表全批货物质量的样品（标本）供检验之用。

检验：主管海关认真研究申报的检验项目，确定检验内容，仔细审核合同（信用证）对品质、规格、包装的规定，弄清检验的依据，确定检验标准、方法，然后进行抽样检验、仪器分析检验、物理检验、感官检验和微生物检验等。

签发证书（获取回执）：在出口方面，凡列入种类表内的出口商品，经检验合格后签发放行单（或在"出口货物报关单"上加盖放行章，以代替放行单）。凡合同、信用证规定要求签检证书的，根据规定签发所需封面证书。在进口方面，进口商品经检验后，分别签发"检验情况通知单"或"检验证书"，供对外结算或索赔用。

4.1.12　如何申请免检

在申请报检前，外贸员还应对出入境检验检疫报检范围有所了解，并对可以申请免检以及不能申请免检的商品心中有数，有助于自己按照国家规定申请报检或免检，更有效率地开展商品进出口工作。表4-7为出入境检验检疫报检范围。

表4-7　出入境检验检疫报检范围

序号		范围
一	国家法律法规规定必须由出入境检验检疫机构检验检疫的	①列入"出入境检验检疫机构实施检验检疫的进出境商品目录"内的货物 ②入境废物、进口旧机电产品 ③出口危险货物包装容器的性能检验和使用鉴定 ④进出境集装箱 ⑤进境、出境、过境的动植物、动植物产品及其他检疫物

续表

序号	范围	
一	国家法律法规定必须由出入境检验检疫机构检验检疫的	⑥装载动植物、动植物产品和其他检疫物的装载容器、包装物、铺垫材料；进境动植物性包装物、铺垫材料 ⑦来自动植物疫区的运输工具；装载进境、出境、过境的动植物、动植物产品及其他检疫物的运输工具 ⑧进境拆解的废旧船舶 ⑨出入境人员、交通工具、运输设备以及可能传播检疫传染病的行李、货物和邮包等物品 ⑩旅客携带物（包括微生物、人体组织、生物制品、血液及其制品、骸骨、骨灰、废旧物品和可能传播传染病的物品以及动植物、动植物产品和其他检疫物）和携带伴侣动物 ⑪国际邮寄物（包括动植物、动植物产品和其他检疫物、微生物、人体组织、生物制品、血液及其制品以及其他需要实施检疫的国际邮寄物） ⑫其他法律、行政法规规定需经检验检疫机构实施检验检疫的其他应检对象
二	输入国家或地区规定必须凭检验检疫机构出具的证书方准入境的	
三	有关国际条约规定须经检验检疫的	
四	对外贸易合同约定须凭检验检疫机构签发的证书进行交接、结算的	
五	申请签发一般原产地证明书、普惠制原产地证明书等原产地证明书的	

为保证进出口商品质量，鼓励优质商品进出口，促进对外经济贸易的发展，根据《进出口商品检验法》及其实施条例的有关规定，获得出口免验资格的企业可以凭免验证书到主管海关直接办理出口放行手续，免除进出口报检、抽样、出证和查验等环节。同时，免检商品在有效期内可以免收检验费。

可以申请免检的商品范围为列入必须实施检验的进出口商品目录的进出口商品，但以下商品除外：

◆ 食品、动植物及其产品；

- 危险品及危险品包装；
- 品质波动大或者散装运输的商品；
- 需出具检验检疫证书或者依据检验检疫证书所列重量、数量、品质等计价结汇的商品。

除了对申请商品有范围限定外，还要符合以下一些条件才能申请进出口商品免验：

①申请免验的进出口商品质量应当长期稳定，在国际市场上有良好的质量信誉，无属于生产企业责任而引起的质量异议、索赔和退货，检验检疫机构检验合格率连续三年达到百分之百。

②申请人申请免验的商品应当有自己的品牌，在相关国家或者地区同行业中，产品档次、产品质量处于领先地位。

③申请免验的进出口商品，其生产企业的质量管理体系应当符合 ISO 9000 质量管理体系标准或者与申请免验商品特点相应的管理体系标准要求，并获得权威认证机构认证。

④为满足工作需要和保证产品质量，申请免验的进出口商品的生产企业应当具有一定的检测能力。

⑤申请免验的进出口商品的生产企业应当符合"进出口商品免验审查条件"的要求。

符合免验申请条件的企业应当先向所在地直属海关提出申请，经所在地直属海关初审后方可向海关总署提出正式申请，需要准备好以下材料：

①进出口商品免验申请书。

②进出口商品生产企业的 ISO 9000 质量管理体系或者与申请免验商品特点相应的管理体系认证证书、质量标准和用户意见等文件。

申请成功后，由海关总署批准其商品免验，并向免验申请人颁发"进出口商品免验证书"（简称免验证书）。免验证书有效期为三年，期满要求续延的，免验企业应当在有效期满三个月前，向海关总署提出免验续延申请，经海关总署组织复核合格后，重新颁发免验证书。

4.2 办理保险规避风险

对外贸易虽然能给经营企业带来更多的效益，但各种贸易风险频发，也着实让很多企业防不胜防，非常苦恼。而保险的主要作用就是规避风险，投保成为很多外贸企业的必选项。

4.2.1 对外贸易保险分类

对外贸易保险是指对进出口货物在运输过程中受到的各种风险损失采取的一种社会互助性质的补偿方法。按照对外贸易货物运输方式的不同，保险公司办理的对外货运保险业务有海洋运输保险、陆上运输保险、航空运输保险以及邮包运输保险等，其中业务量最大的是海洋运输保险。

（1）海洋运输保险

海洋运输保险按保险责任范围大小，分为平安险、水渍险和一切险，这三类保险的责任范围有哪些区别呢？

平安险（free from particular average，F.P.A.）：又称"单独海损不赔险"，保险人只负责货物全部损失和特定意外事故部分损失赔偿责任的保险，为海上货物运输保险中责任范围最小的一种。

水渍险（with particular average，W.P.A./WA）：又称"单独海损险"，负责自然灾害+意外事故导致货物被水淹没引起货物的损失。

一切险（all risks）：又称"综合险"，除包括水渍险的所有责任外，还承保保险货物在运输过程中因一般外来风险所造成保险货物的损失。不论全损或部分损失，除对某些运输途耗的货物，经保险公司与被保险人双方约定在保险单上载明的免赔率外，保险公司都给予赔偿。

对于这三种险别，各自的责任范围主要内容见表4-8。

表4-8 海洋运输保险责任范围

险别	责任范围	关键点
平安险	①海上自然灾害和意外事故造成整批货物的全部损失或推定全损 ②因运输工具遭受搁浅、触礁、互撞、沉没、与流冰或其他物体碰撞，以及失火、爆炸而造成的货物全部或部分损失 ③装卸、转运时整件货物的落海损失 ④避难港的卸货损失与在避难港、中途港支付的特别费用 ⑤共同海损的牺牲、分摊和救助费用 ⑥合同订有船舶互撞条款时，应由货方偿还船方的损失 ⑦货物遭受保险责任内危险时，被保险人合理的施救费用	相比水渍险少了自然灾害造成的部分损失
水渍险	①平安险的各项责任 ②被保险货物由于恶劣气候、雷电、海啸、地震和洪水等自然灾害所造成的部分损失	海水浸渍是货物受损的直接原因
一切险	①平安险、水渍险全部责任 ②一般附加险，包括偷窃提货不着、淡水雨淋、短量、混杂沾污、渗漏、碰损破碎、串味、受潮受热、钩损、包装破裂和锈损等附加险	附加险不能单独投保，必须在投保了基本险以后方允许加保的一个险别，如平安险+一般附加险或水渍险+一般附加险

在上述三种基本险别中，明确规定了除外责任。所谓除外责任（exclusion），指保险公司明确规定不予承保的损失或费用，具体有以下四点：

- 被保险人故意或过失行为造成的损失；
- 货物本身品质不良或数量短差造成的损失；
- 货物自然损耗、本质缺陷、特性等造成的损失；
- 货物因战争、罢工、进口关税等原因所致的损失。

信息拓展 特殊附加险

特殊附加险（special additional risk）是以导致货损的某些政府行为风险作为承保对象的。不论被保险人投任何基本险，要想获取保险人对政府行为等政治风险的保险保障，必须与保险人特别约定，经保险人特别同意；否则，保险人对此不承担保险责任。特殊附加险只能在投保平安险、水渍险和一切险的基础上加保。

特别附加险主要有进口关税险、舱面险、交货不到险、黄曲霉素险、拒收险、战争险和罢工险等。

货物在海运过程中由于海上风险而造成的损失又称海损（average），海损也包括与海运相连的陆运和内河运输过程中的货物损失。表 4-9 为海损的具体分类。

表 4-9 海损的具体分类

分类		介绍
全部损失	实际全损	货物全部灭失或全部变质而不再具有任何商业价值
	推定全损	货物遭受风险后受损，尽管未达实际全损的程度，但实际全损已不可避免，或者为避免实际全损所支付的费用和继续将货物运抵目的地的费用之和超过了保险价值。推定全损需经保险人核查后认定
部分损失	共同海损	在同一海上航程中，船舶、货物和其他财产遭遇共同危险时，为了共同安全，有意地、合理地采取措施所直接造成的特殊牺牲和支付的特殊费用。共同海损制度能平摊风险与损失，用以保护航海运输
	单独海损	货物受损后，未达到全损程度，而且是单独一方的利益受损，并只能由该利益所有者单独负担的一种部分损失

（2）陆上运输保险

陆上运输（火车、汽车运输）货物保险主要分为陆运险和陆运综合险（陆运一切险），陆运险的除外责任与海洋运输货物险的除外责任基本相同。两种保险的责任范围包括的内容见表4-10。

表4-10　陆上运输保险责任范围

险别	责任范围	责任起讫
陆运险	①被保险货物在运输途中遭受暴风、雷电、洪水和地震等自然灾害造成的损失 ②运输工具遭受碰撞、倾覆、出轨、隧道坍塌、崖崩、失火、爆炸，或在驳运过程中因驳运工具遭受搁浅、沉没的意外事故所造成的全部或部分损失 ③被保险人对遭受承保责任内危险的货物采取抢救，防止或减少货损的措施而支付的合理费用，但以不超过该批被救货物的保险金额为限	①"仓至仓"责任条款 ②起：保险人责任自被保险货物运离保险单所载明的起运地仓库或储存处所开始运输时生效，包括正常运输过程中的陆上和与其有关的水上驳运在内 ③讫：该项货物运达保险单所载目的地收款人的最后仓库或储存处所，或被保险人用作分配、分派的其他储存处所 ④如未运抵上条所述仓库或储存处所，则以被保险货物运抵最后卸载的车站满60天为止
陆运综合险（保险货物在运输途中由于一般外来原因所造成的全部或部分损失）	①陆运险责任 ②一般附加险，如短少、短量、偷窃、渗漏、碰损、破碎、钩损、雨淋、生锈、受潮、受热、发霉、串味和沾污等	

|信息拓展| **水渍险与淡水雨淋险的区别**

水渍险与淡水雨淋险的区别有以下两点：

一是性质不同，水渍险是基本险之一；淡水雨淋险（不能单独投保）是一般附加险之一，必须附属于基本险项下。

二是水的不同，水渍险只负责海水所造成的损失；淡水雨淋险负责由于淡水（船上饮用水、水管漏水和船杆滴水等）、雨水以及雪融水所造成的损失。

陆上运输货物险的索赔时效为从被保险货物在最后目的地车站全部卸

离车辆后起算，最多不超过两年。

（3）航空运输保险

航空运输保险指保险人承保通过航空运输的货物，保险责任以飞机作为主体进行规定，包括航空运输险和航空运输一切险两种类型，各自的责任范围见表 4-11。

表 4-11 航空运输保险责任范围

险别	责任范围	责任起讫
航空运输险	①被保险货物在运输途中遭遇雷电、火灾、爆炸或由于飞机遭受碰撞、倾覆、堕落或失踪等自然灾害和意外事故所造成的全部或部分损失 ②被保险人对遭受承保责任内危险的货物采取抢救、防止或减少货损的措施而支付的合理费用，但以不超过该批被救货物的保险金额为限	①起：被保险货物经航空公司收讫并签发航空运单时开始生效 ②讫：货物运抵目的地交到收货人仓库或储存处所时 ③保险货物到达目的地后，以航空公司给收货人发出到货通知书当日午夜起算 30 天为限，航空公司负有保险责任 ④如在上述 30 天内，被保险货物需转送到非保险单所载明的目的地时，保险责任以该项货物开始转运时终止
航空运输一切险	①航空运输险责任 ②对被保险货物在运输途中由于外来原因造成的，包括被偷窃、短少等的全部或部分损失	

航空运输保险的除外责任与海洋运输保险中基本险的除外责任基本相同，至于保险索赔时效，从被保险货物在最后卸载地卸离飞机后起计算，最多不超过两年。

（4）邮包运输保险

邮包运输保险是指承保邮包通过海、陆、空三种运输工具在运输途中由于自然灾害、意外事故或外来原因所造成的包裹内物件的损失，其除外责任与海洋运输保险差不多。邮包运输保险分为邮包险和邮包综合险两种，各自的责任范围见表 4-12。

表 4-12 邮包运输保险责任范围

险别	责任范围	责任起讫
邮包险	①被保险邮包在运输途中，由于恶劣气候、雷电、海啸、地震和洪水等自然灾害所造成的全部或部分损失 ②由于运输工具遭受搁浅、触礁、沉没、碰撞、倾覆、出轨、坠落、失踪，或由于失火、爆炸等意外事故所造成的全部或部分损失 ③被保险人对遭受承保责任内危险的货物采取抢救、防止或减少货损的措施而支付的合理费用，但以不超过该批被救货物的保险金额为限	①起：被保货物经邮局收讫并签发邮包收据时起开始生效 ②讫：被保险邮包运达保险单所载明的目的地邮局 ③自邮局签发"到货通知书"当日午夜起算满 15 天为止，邮局负有保险责任 ④邮包一经递交至收件人的处所时，保险责任即告终止
邮包综合险	①邮包险责任 ②被保险邮包在运输途中由于外来原因所致的包括被偷窃、短少在内的全部或部分损失	

4.2.2 计算保险金额与保险费

保险金额（insurance amount）是指一个保险合同项下保险公司承担赔偿或给付保险金责任的最高限额，即投保人对保险标的的实际投保金额，它是保险公司收取保险费的计算基础。

保险费是指当投保人参加保险时，根据其投保时所订的保险费率，向保险人交付的费用。保险费由保险金额、保险费率（保险公司根据货物的性质订出相应的保险费率）和保险期限构成。

被保险人向保险公司办理进出口货物运输保险时有逐笔投保和签订预约保险合同两种方式。

按照国际保险市场的惯例，出口货物保险金额按到岸价格（CIF）加成 10% 计算（即发票金额的 110%），加成 10% 是作为国外买方的费用和预期的利润。相关计算公式如下：

保险金额 =CIF 价格 ×110%（投保加成）

保险费 = 保险金额 × 保险费率（同时投保多险种的，将不同险种的保险费率相加）

下面通过一个简单的案例说明以上计算公式的运用。

某贸易有限公司谈妥一项出口业务，出口贸易合同按照 USD9 000 CIF (New York) 签订，企业按照合同约定投保一切险和战争险，保险公司给出的保险费率为 0.8% 和 0.08%。假设美元兑人民币汇率为 7.169 6，那么保险金额与保险费分别为：

保险金额 =9 000×（1+10%）=9 900（美元）=70 979.04（元）

保险费 =9 900×（0.8%+0.08%）=87.12（美元）=624.62（元）

保险金额和保险费一般按货物的 CIF 货值计算。不过在进口业务中，常以 FOB 和 C&F 贸易术语交易，需要先换算为 CIF 货值后再计算保险金额及保险费。相关计算公式如下：

①以离岸价格（FOB）条款成交的进口货物

保险金额 =【（FOB 价格 + 运费）×110%】/（1- 保险费率 ×110%）

保险费 = 保险金额 × 保险费率

②以成本加运费（C&F）价格条款成交的进口货物：

保险金额 =C&F 价格 ×110%/（1- 保险费率 ×110%）

保险费 = 保险金额 × 保险费率

还是通过两个案例来简单运用一下计算公式。

某贸易有限公司要从国外进口一批货物，进口贸易合同按照 USD 9 000 FOB(Tianjin) 签订，运费为 USD 1 000，企业按照合同约定投保一切险和战争险，保险公司给出的保险费率为 0.8% 和 0.08%。假设美元兑人民币汇率为 7.187 5，那么保险金额与保险费分别为：

保险金额 =【（9 000+1 000）×110%】/（1−0.88%×110%）=11 107.52（美元）=79 835.30（元）

保险费 =11 107.52×（0.8%+0.08%）=97.75（美元）=702.58（元）

某贸易有限公司要从国外进口一批货物，进口贸易合同按照 USD 9 000 C&F(Tianjin) 签订，企业按照合同约定投保一切险和战争险，保险公司给出的保险费率为 0.8% 和 0.08%。假设美元兑人民币汇率为 7.187 5，那么保险金额与保险费分别为：

保险金额 =9 000×110%/（1−0.88%×110%）=9 996.77（美元）=71 851.78（元）

保险费 =9 996.77×（0.8%+0.08%）=87.97（美元）=632.28（元）

信息拓展 逐笔投保和预约保险合同

对于投保的两种形式，外贸员也应有基本的了解。逐笔投保是指由被保险人一笔一笔地向保险人申请保险，保险人按照每笔业务估计风险，确定费率，这是最为常见的方法。

预约保险合同指保险人依合同规定对被保险人分批发运的全部货物自动承担保险责任。通常以保险凭证作为每批货物的保险单。

4.2.3 填写投保单

在国际贸易中，办理货运保险常涉及投保单的填制，这是投保人申请保险的一种书面形式，通常由保险人提供，投保人填明订立保险单所需的项目，然后保险公司据此缮制并出立保险单。

投保单是投保人的书面要约。投保单经投保人据实填写交付给保险人就成为投保人表示愿意与保险人订立保险合同的书面要约。投保单一般包括以下内容：

- 被保险人的名称和地址；
- 保险标的的名称和存放地点；
- 投保的险别；
- 保险责任的起讫；
- 保险价值及保险金额等。

投保单一般是在逐笔投保方式下采用的。进出口企业投保货运险，投保单的填制内容主要包括货物名称、运输标志、包装及数量、保险金额、保险险别、运输工具、开航日期和提单号等。表4-13为出口货物运输保险投保单。

表4-13 出口货物运输保险投保单示例

			投保日期 (Date)：
发票号码 Invoice NO. 合同号 Contract NO. 信用证号 L/C NO.			投保条款和险别 (Insurance clauses and risks)
A statement Insurance is required on the following commodities: 兹有下列物品投保：			（ ）PICC CLAUSE 中国人民保险公司保险条款 （ ）ICC CLAUSE 英国协会货物险条款
MARKS & NOS. 唛头	Packing and Quantity 包装及其数量	Description of Goods 货物描述	（ ）ALL RISKS 一切险 （ ）W.A. 水渍险 （ ）F.P.A. 平安险 （ ）WAR RISKS 战争险 （ ）S.R.C.C. 罢工，暴动，民变险 （ ）ICC Clause B 英国协会货物险条款 B （ ）ICC Clause C 英国协会货物险条款 C
保险金额 (insured amount)			

续表

起运港 (The Loading Port)			( ) Air TPT All Risk 航空运输综合险 ( ) Air TPT Risk 航空运输险 ( ) O/L TPT All Risk 陆路运输综合险 ( ) O/L TPT Risk 陆路运输险 ( ) Transhipment Risks 转运险 ( ) W/W 仓至仓条款 ( ) TPND 偷窃提货不着险 ( ) FREC 火险责任扩展条款 ( ) I.O.P. 无免赔率 ( ) RFWD 淡水雨淋险 ( ) Risk of Breakage 破碎险
开航日期 (Date of Commencement)		船名 (Conveyance)	
转内陆 Via			
目的港 (Destination)			
赔款地点 (Claims Payable At)			
赔付币种 (Indemnity in)			
保单份数 (Original Nos.)			
其他特别条款 (Other Clauses)		The insured confirms herewith the terms and conditions of these insurance contract fully understood. 被保险人确认本保险合同条款和内容已经完全了解。 The interpretation of this proposal shall be subject to English version. 本投保单内容以英文为准。 Only the written form contract will be operated, any other form will be not approved. 本保险合同一律采用书面形式，双方不认可其他形式的约定。 This insurance contract will be effective when the policy is issued by the underwriter and when the insurance premium is received according to the terms of the contract by this company. 本保险合同自保险人核保并签发保险单后成立，自投保人依约缴费后生效，保险人自本保险合同生效后开始承担保险责任。

续表

其他特别条款 (Other Clauses)	In the event of any dispute arising from its implementation or enforcement, either of the parties to the Contract of Insurance may make application to the China International Arbitration Committee, whose judgements shall be given in accordance with such rules of arbitration as are then in effect. 因履行保险合同发生争议的，一方可向中国国际仲裁委员会提出申请，依该会届时有效的仲裁规则作出裁决。
Together With The Following Documents 随附产品资料 （1）Manual 产品说明书 （2）Certification of Quality 质量合格证书 （3）Safety Warning Mark 安全警告标记 （4）License(s) 许可证 （5）Quality Inspection Report 质量检验报告 （6）Sales Contract 销售合同 （7）Design Drawing 设计图纸 （8）Else 其他	

以下由保险公司填写 Following insurance companies to fill			
保单号码 (Proposal NO.)		签单日期 (Date)	
投保人 (The Insured)			

上表为货运保险的投保单模板，每个保险公司的保险单会有差异，以实际填制的为准。不过，通过该模板外贸员可大致了解应该填写的内容，具体要如何填写呢？不同的内容有不同的要点，具体如下：

①保险人即保险公司或保险商及其代理人，但不能为保险经纪人。

②被保险人为受保险合同保障的一方，一般谁投保，谁就是被保险人；若信用证要求过户给某银行或第三者，应在投保单上填明。

③保单号次为投保货物的具体批号，出口货物一般填写该批货物的发票号码，进口货物则填写贸易合同号码。

④标记应和提单上所载的商品运输标志一样，或者写明按发票规定（as invoice）。

⑤包装及数量的填写要将包装的性质和数量一起填写，填写最大包装数量。如果一次投保选用了多种包装，可以件（packages）为单位。散装货填写散装重量；集装箱运输应注明（in container）。

⑥保险货物名称按发票或信用证填写。

⑦保险金额与货币按照贸易合同或信用证的内容计算得出，一般按发票金额直接计算加成价格，货币应与发票一致。

⑧运输工具分为海运、铁路、航空和邮包四种填法，海运填写船名及航次（如 Joyce, VOY. NO. 0415W），中途需转船的，可填"船名1/船名2"。

⑨开航日期一般按照提单的签发日期（如 June. 27, 2022）填写，或是填"AS PER B/L"。

⑩装运港和目的港按港口名称如实填写，若中途要转船，需注明中转港口名称。若到达目的港后，需内陆转运，还要注明最终目的地名称。

⑪承保险别需写明险别及按什么保险条款执行，如 COVERING ALL RISKS OF CIC OF PICC INCL. WAREHOUSE TO WAREHOUSE AND I.O.P.。

⑫偿付地点填写目的地，并注明赔偿货种（一般同保险金额所用币种），如 LONDON, UK IN USD。

⑬投保人签章应如实填写投保公司名称、电话和地址。

⑭投保日期一般在提单签发日或起运日期之前。

企业开展出口业务时，可以不单独填写投保单，而以现成的公司发票副本代替投保单，并在发票上逐一列明承保险别、投保金额、运输工具、开航日期、赔款地点、保单份数、投保日期及其他要求等。

办理投保手续后，投保人如果发现填写内容有误或遗漏，或实际情况发生变化，应及时通知保险人，申请变更有关内容，以免因重要事实陈述不实而致保险人解除保险合同或拒付保险赔款。

外贸员寻找保险人时，可通过中国保险网的黄页信息了解更多保险资讯和保险公司，以便做出更明智的投保决定。

第5章

货物的物流安排不简单

货物出口需要安排合适的运输工具进行运输。我国对外贸易多以海运为主，外贸企业需要在货物出运前租船订舱，安排好启航时间，保证货物按合同约定的时间出发；或是寻找靠谱的货代公司负责货物出关的一系列事宜。

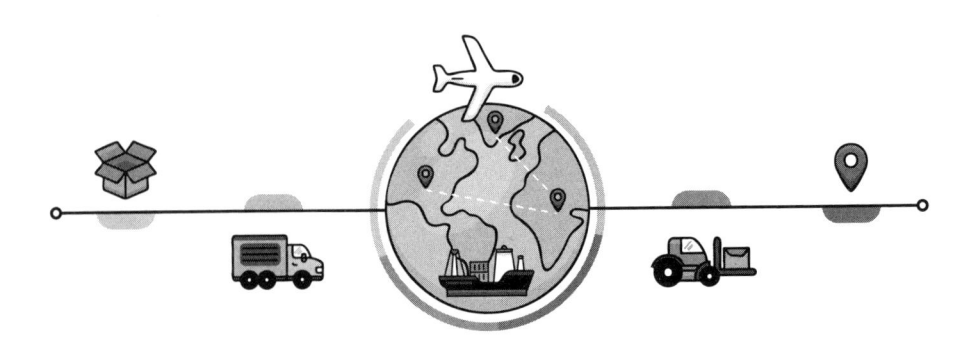

5.1 外贸运输细节要知道

外贸运输指专门从事进出口货物的运输业务，与日常的商业运输有较大的不同，外贸运输距离长、联系面广、中间环节多、情况变化较大，因此涉及的问题会很多，尤其需要外贸人员重视，以免因小失大。

5.1.1 选择最佳的运输方式

外贸交易可选择的运输方式有很多，包括海洋运输、铁路运输、航空运输、公路运输和管道运输等。此外，还可通过邮政部门提供的一些小件物品运输。表5-1为运输方式的具体介绍。

表 5-1 运输方式

运输方式	具体介绍
海洋运输	国际物流中最主要的运输方式是指使用船舶通过海上航道在不同国家和地区的港口之间运送货物的一种方式
铁路运输	铁路运输是使用铁路列车运送货物的一种运输方式。我国现行的铁路货物运输种类分为整车、零担和集装箱三种。整车适用于运输大宗货物；零担适用于运输小批量的零星货物；集装箱适用于运输精密、贵重和易损的货物
航空运输	航空运输是使用飞机、直升机及其他航空器运送货物、邮件的一种运输方式
公路运输	公路运输是在公路上运送货物的运输方式，主要承担短途运输，以汽车作为运输工具。在地势崎岖、人烟稀少、铁路和水运不发达的边远和经济落后地区，公路运输为主要运输方式
管道运输	管道运输是用管道作为运输工具的一种长距离输送液体和气体物资的运输方式，是一种专门由生产地向市场输送石油、煤和化学产品的运输方式。大部分管道都是被其所有者用来运输自有产品
邮包运输	邮包运输是指利用邮局办理货物运输的方式，手续简便、费用低，但只适用于重量轻、体积小的商品，如精密仪器、配件、药品和样品等

为了提高交易效率，外贸运输方式的发展愈加成熟，具有以下三个基本特点：

集装箱化：通过集装箱运输，让货物更快装卸，车辆和船舶周转更快，货损货差变少，还能节省包装，让手续更简便。

多样化：有多种运输方式可供选择，企业可根据成本、货物特性及交易国特点选择最合适的运输方式。

联运化：多种运输方式连贯运输，一步到位。

外贸企业常选的运输方式为海洋运输、铁路运输和航空运输，外贸员要选择适合企业的运输方式，首先要对各运输方式有所了解。三大外贸运输方式的优劣对比，见表5-2。

表5-2 三大外贸运输方式对比

运输方式	优势	劣势	提示
海洋运输	①天然航道，不受道路、轨道的限制，可随时调整和改变航线 ②载运量大 ③运费低廉 ④受到国际法和国际管理的约束	①速度慢 ②易受自然条件和气候影响 ③航期不十分准确 ④风险大，易突发意外事故，如海盗侵袭 ⑤不完整性，必须依赖其他运输方式进行衔接	①货损因素有：装卸作业、受载场所条件、船上积载不当、保管不当、自然灾害、事故殃及和盗窃等 ②适合低值、大宗、对时效要求较低的货物
航空运输	①速度快（最快） ②货运质量高 ③不受地面条件限制	①价格昂贵（最高） ②受气候条件限制较大	①贵重物品、鲜活货物和精密仪器运输一般采用航空运输 ②适合质量轻、高附加值的货物

续表

运输方式	优势	劣势	提示
铁路运输	①风险小，不易受气候和自然条件影响 ②运输能力及单车装载量大 ③准时，具有较高的连续性和经常性 ④运输手续较海洋运输更简便 ⑤几乎能承运任何商品，不受重量和容积的限制 ⑥运行速度快	①成本较海洋运输更高 ②线路固定，灵活性差	适合内陆地区大宗低值货物的中、长距离运输

在选择运输方式时，外贸员需综合考虑不同因素，才能确定最终的运输方式，具体包括如下五点：

- 运输成本：运费直接与企业的利润挂钩，越是利润微薄的中小型企业越看重运输成本，很多企业不得不考虑成本最低的运输方式，如海运和铁路运输。

- 运输速度：运输速度与运费成反比，但都会影响企业的经营成本。速度慢的运输方式运费低，但成交日延长，企业资金回流难，且增加了货物受损与贬值的风险。在成本与速度这两个因素间，外贸员势必要多加权衡，看哪种方式更有利。对于货值波动较大的商品，一定要缩短其运输时间。

- 货物数量与重量：货物越多，重量越大，能够选择的运输方式就越少，大宗商品只能选择海运或铁路运输以减少成本。

- 运输条件：不同国家运输条件有差距，有的国家海运发达，有的国家适合内陆运输，交易国家不同，还要考虑对方的运输设施建设。

- 货物特性：对于一些危险品，或是性能不稳定的、无法长时间存放的货物，企业要选择运输快、稳定性高的运输方式。

5.1.2 海运要租船订舱

外贸运输中使用最广泛的是海运，外贸员应当清楚其基本的经营方式，才好安排货运。海运的经营方式主要有班轮运输（定期船运输）和租船运输（不定期船运输）两大类。

1. 班轮运输

班轮运输指船舶在特定的航线上和既定的港口之间，按照事先规定的船期表进行有规律的、反复的航行，以从事货物运输业务并按照事先公布的费率表收取运费的一种运输方式。其服务对象是非特定的、分散的众多货主，班轮公司具有公共承运人的性质。

班轮运输适用于零星成交、批次多、交接港口分散的货物运输，而大宗货物一般采用租船运输。

2. 租船运输

租船运输是指通过出租人（shipowner）和承租人（charterer）之间签订运输合同或者船舶租用合同进行货物运输的基本营运方式。出租人提供船舶的全部或者部分舱室给承租人使用，具体的责任、义务、费用和风险等，均由双方在租船合同（charter party）中商定，具有以下特点：

①没有固定的船期表和航线，运输完全按照合同进行；

②适合大宗散杂货运输，如粮食、矿石、化肥、钢材、木材、石油和液化气等，货物没有或者仅需要简单包装；

③承租双方的责任义务全部依据租船合同的类别和条款；

④有明确的书面租船合同；

⑤租船费用较班轮低廉。

租船方式主要有定程租船和定期租船两种，下面通过表 5-3 来了解这两种租船方式。

表 5-3 租船方式对比

介绍	定程租船	定期租船
定义	根据船舶完成一定航程（航次）来租赁，可分为单航次、来回航次、连续单航次和连续来回航次等方式	按一定期限租赁船舶，即由船东（船舶出租人）将船舶出租给租船人在规定期限内使用，在此期限内由租船人自行调度和经营管理
租船人责任	若约定由租船人负责装卸，应在合同中规定装卸期限或装卸率，以及与之相应的滞期费和速遣费	①货物的装卸、配载和理货等一系列工作 ②支付产生的燃料费、港口费、装卸费和垫舱物料费等
所有人责任	①负责配备船员，负担船员的工资、伙食费 ②承租船舶的燃料费、物料费、修理费、港口费和淡水费等营运费用 ③船舶的营运调度	①船员薪金、伙食等费用 ②保持船舶在租赁期间的适航状态（seaworthy）以及因此而产生的费用和船舶保险费用
特点	①绝大多数货物选择航次租船 ②航次租船的租金通常称为运费，按货物的数量及双方商定的费率计收 ③无固定航线、装卸港口和航行船期，需另行约定 ④合同中应明确船方是否负担货物在港口的装卸费用	①租期可长可短，短则数月，长则数年 ②租金是按月（天或日历月）以每一夏季载重吨为计算单位计收，一经约定即固定不变

值得注意的是，定程租船的"租期"取决于航次运输任务是否完成，同一航次的租期可能因为外来原因、港口装卸而有所不同。船舶所有人最看重完成一个航次所需的时间，为了缩短船舶在港停泊时间，往往会与承租人约定装卸率（每日装卸货物的数量）、装卸速度、装卸时间及计算办法，并相应地规定滞期费和速遣费及计算方法。

信息拓展 速遣费和滞期费

为控制装卸效率,缩短装卸时间,船方可对租方的装卸表现约定奖励和处罚条款。速遣费用于奖励租方,滞期费用于惩罚租方。

速遣费(dispatch money)指航次租船合同中,承租人(charterers)实际使用的装卸时间比合同约定允许使用的装卸时间(allowable laytime)短,因而缩短了船舶为装卸作业而停留在港口或泊位的时间,使得船舶产生速遣,船东需要按双方在合同中约定的速遣费率(despatch rate)向承租人支付的费用。航次租船实务中,速遣费率通常规定为滞期费率(demurrage rate)的一半。

滞期费(demurrage)指在航次租船合同中,当船舶装货或卸货延期超过装卸货时间时,由租船人向船东支付的约定款项。

出口业务需要企业租船订舱,即租船或订舱两种方式。大宗货物一般租赁整船运输;若是货物数量较少,则租赁部分舱位运输。企业备好货物,收到信用证并审核无误后,便能着手货物的装运和运输工作了。为了保证货物按时出运,外贸员一定要提前做好租船订舱工作。

展开租船订舱工作需要经历以下几个步骤:

询价:外贸员将装运条件(货物种类、数量、装货港和卸货港、装运期限、租船方式/期限、期望运价或租金等发给船舶所有人,以此得到对方的报价和船舶信息,包括船名、国籍、船型、散装和包装容积、可供租用时间、承揽货物种类、做箱情况等。

发出托运委托:确认价格及付款方式后,外贸员便可向船公司索取并填写托运单,向船公司发出委托申请。托运单上详细记录托运的有关事项,包括发货人、收货人、品名、HS编码、件数、净重、毛重、体积、预订箱型和预订船期等信息。

填写装货单:外贸员在填好的托运单上加盖公司的订舱章或业务章,

经船公司审核后，在开船前七天出具装货单（shipping order），外贸员填写好装货单，以此作为订舱凭证。

做箱：填妥装箱计划，包括做箱时间、船名、航次、报关单号、中转港、目的港、毛重、件数、体积和联系方式等内容，可选择门到门和内装两种装箱方式，在截关日（一般为船期前两天）前安排好车班，将货物送到指定仓库。

信息拓展 **两种装箱方式**

开船前，货物需要装箱才能运到港区，一般在开船前几天就要完成装箱并运到指定仓库，通关后搬运上船，才能准时出发。有以下两种装箱方式：

门到门：承运人直接将空集装箱拉到货物生产工厂，在工厂验收后装箱，再直接运输到指定仓库等待清关。

内装：指外贸企业安排将货物运至指定仓库，再由货代装箱，装运完毕后，将箱子拖到码头。

装船：办理好通关手续后，集装箱上船，船公司出具正式提单。托运人向船公司支付运费，海运费的结算方式有两种——预付和到付。预付是在租船订舱合约达成后，货物到货前支付运费；到付是在货物到达目的港或收货人确认收货后进行付款。海运费用常包括订舱费、做箱费、冲港（关）费、提货费和更改费等。

需要外贸员注意的是，对于危险品的运输，外贸企业还需提交危包证、危险品申请表格和英文版MSDS，才能成功租船订舱。

- 危包证为出境危险货物运输包装使用鉴定结果单，在订舱和申报时需要提供危包证扫描件。经检验检疫机构对空运、海运出口危险货物包装容器性能检验合格的，申请人可以领取"出境货物运输包装性能检验结果单"。
- 危险品申请表格是由船公司提供的，不同的船公司可能格式会有差别，一定要如实填写，若是船公司审核不通过，将难以放舱。

◆ MSDS(material safety data sheet) 即化学品安全技术说明书，是化学品生产商和进口商用来阐明化学品的理化特性（如PH值、闪点、易燃度和反应活性等）以及对使用者的健康可能产生的危害（如致癌、致畸等）的一份文件。为了保证报告的准确规范性，可向专业机构申请编制。

5.1.3 两大单据如何填写

托运单与装货单是租船订舱过程中会涉及的两大重要单据，外贸员应该对这两大单据有基本的了解，不仅要知道其作用和重要性，还应知道如何填写。

1. 托运单

托运单是托运人根据贸易合同和信用证条款内容填制的，承运人根据托运单内容，结合船舶的航线、挂靠港、船期和舱位等条件考虑，认为合适后，即接受托运。

托运单可作为托运货物的合约，对托运人与承运人之间的权利义务进行说明。根据运送方式的不同，可分为海运托运单、陆运托运单和空运托运单，外贸企业常用的是海运托运单。托运单一式十联，各联作用如下：

◆ 第一联，集装箱货物托运单（货主留底）（B/N）；

◆ 第二联，集装箱货物托运单（船代留底）；

◆ 第三联，运费通知（1）；

◆ 第四联，运费通知（2）；

◆ 第五联，（装货单）（S/O）；

◆ 第五联副本，缴纳出口货物港务费申请书；

◆ 第六联，大副联（场站收据副本）；

- 第七联，场站收据（D/R）；
- 第八联，货代留底；
- 第九联，配舱回单（1）；
- 第十联，配舱回单（2）。

信息拓展 配舱回单的作用

配舱回单是货代在取得货主的定舱资料再向船公司定舱后取得的单证，即船公司或代理人接受托运并配妥船只舱位后退回给托运公司的单据。它是船公司给货代的十联单中涉及的单据，也是场站收据之一，内容与集装箱货物托运单完全相同。托运公司收到配舱回单后，可据此编制有关单证。

外贸员委托订舱时，要填写集装箱货物托运单，格式见表5-4。

表5-4 集装箱货物托运单

Shipper（发货人）		D/R No.（编号）	
Consignee（收货人）		集装箱货物托运单货主留底	第一联
Notify Party（通知人）			
Pre-carriage by（前段运输）			
Place of Receipt（收货地点）			
Ocean vessel（船名）	Voy. No.（航次）	Part of Laoding（装货港）	
Part of Discharge（卸货港）	Place of Delivery（交货地点）	Final destination for the Merchant' reference（目的地）	

续表

Container No.（集装箱号）	Seal No.（铅封号）	No. of Containers or PKGS（箱数或件数）	Kind of Packages: Description of Goods（包装种类与货名）	Gross Weight（毛重/千克）	Measurement（尺码/立方米）
Total Number of Containers or Packages (InWords)（集装箱数或件数合计）					
Freight&Charges（运费与附加费）	Revenue Tons（计费吨）	Rate（运费率）	Per（每）	Prepaid（运费预付）	Collect（到付）
Ex.rate(汇率)	Prepaid at(预付地点)		Payable at(到付地点)	Place of Issue（签发地点）	
	Total Prepaid（预付总额）			No. of Original B(S)/L（正本提单份数）	
Service Type On Receiving □—CY □—CFS □—DOOR	Service Type On Delivery □—CY □—CFS □—DOOR	Reefer-Temperature Required（冷藏温度）		F°	C°

Type of Goods（种类）	□ Ordinary 普通	□ Reefer 冷藏	危险品	Class:
	□ Dangerous 危险品	□ Auto 裸装车辆		Property:
	□ Liquid 液体	□ Live Animal 活动物		IMDG Code Page:
	□ Bulk 散装	□ _____		UN No.:

可否转船		可否分批	
装运时间		有效期	
金额			
制表日期			

对于托运单的主要内容及缮制要求，外贸员应注意以下一些填写事项：

①经营单位或发货人一般为出口商。

②收货人以信用证或合同的要求为准，可以填 To Order，To Order OF××，××CO. 和 To Beaber 等，一般前两种使用较多。

③通知人以信用证要求为准，必须有公司名称和详细地址。

④要明确表示是否可以分批和转运。

⑤运费应注明是"运费预付（freight prepaid）"还是"运费到付（freight collect）"。有的转运货物，一程运输费预付，二程运费到付，要分别注明。

⑥装运日期按信用证或合同规定的装运期填写。

⑦货名与信用证所列相符（可填写商品的大类名称），用中英文填写；包装填写外包装的种类和数量。

⑧毛重、净重及体积按实际填写。托盘货要分别注明"盘的重量、尺码"和"货物本身的重量、尺码"；超长、超重、超高的货物应提供每一件货物的详细体积（长、宽、高）以及每一件的重量，以便货运公司计算货物积载因素，安排特殊的装货设备。

⑨目的港名称须明确具体，并与信用证描述一致，如有同名港时，须在港口名称后注明国家、地区或州、城市。当信用证规定目的港为选择港（optional ports）时，应是同一航线上的、同一航次挂靠的基本港。

⑩运输编号为托运人的托运代号（通常也是商业发票号），以便查核和财务结算。

⑪补充说明有关的订舱条款，客户有特殊要求的也要一一列明。

2. 装货单

装货单（shipping order，SO）为托运单的第五联，是接受了托运人提出装运申请的船公司签发给托运人，凭此命令船长将承运的货物装船的单据。托运人将装货单连同货物送交承运人指定的仓库或船舶，理货人员按积载计划由装卸工人分票装船。装货单也是货主凭以向海关办理出口货物申报手续的主要单据之一。

对托运人而言，装货单是办妥货物托运的证明。对船公司或其代理人而言，装货单是通知船方接受装运该批货物的指示文件。在国际货物运输中，装货单一经签发，运输合同即告成立。

表 5-5 为装货单的基本模板，外贸员借此可了解装货单的内容。

表 5-5　装货单

					S/O NO._____	
S/S（船名）_____ For（目的港）_____						
Shipper（托运人）_____						
Consignee（收货人）_____						
Notify（通知人）_____						
兹将下列完好状况之货物装船并签署收货单据。 Received on board the under mentioned goods apparent in good order and condition and sign the accompanying receipt for the same.						
Marks & Nos.（唛头及标记）	Quantity（件数）	Description of Goods（货名）	Weight(KGS)（重量）		Measurement（尺码）	
			Net Weight（净重）	Gross Weight（毛重）		

续表

Total Number of Packages in writing 共计件数（大写）	
Date（日期）＿＿＿＿＿＿＿＿＿＿＿＿＿＿Time（时间）＿＿＿＿＿＿＿＿＿＿＿＿＿	
Stowed（装入何舱）＿＿＿＿＿＿＿＿＿＿＿＿＿＿＿＿＿＿＿＿＿＿＿＿＿＿＿＿＿	
Received（实收）＿＿＿＿＿＿＿＿＿＿＿＿＿＿＿＿＿＿＿＿＿＿＿＿＿＿＿＿＿＿	
Tallied By（理货员签名）＿＿＿＿＿＿＿＿＿Approved By（经办员签名）＿＿＿＿＿	

5.1.4 整箱和拼箱两种选择

国际货运中，根据货物的体积、数量区别，有整箱和拼箱两种装箱方式。

整箱（full container load，FCL）指由发货人负责装箱、计数和填写装运单，并由海关加铅封的货物，以集装箱为单位托运。

拼箱（less than container load，LCL）是指承运人（或代理人）接受货主托运的数量不足整箱的小票货运后，根据货物类型、性质和目的地进行分类整理。把同一目的地的货集中到一定数量拼装入箱运输。表5-6为整箱和拼箱各自的装运特点。

表5-6 整箱和拼箱的装运特点

方式	装运特点
整箱	①整箱货的拆箱一般由收货人办理，也可以委托承运人在货运站拆箱 ②承运人不负责箱内的货损、货差，除非货方举证确属承运人责任事故的损害，承运人才负责赔偿 ③承运人对整箱货以箱为交接单位，只要集装箱外表与收箱时相似且铅封完整，承运人就完成了承运责任 ④整箱货运提单上，要加上"委托人装箱、计数并加铅封"的条款
拼箱	①一个箱内由不同货主的货拼装在一起 ②货主托运数量不足装满整箱时采用

续表

方式	装运特点
拼箱	③拼箱货的分类、整理、集中、装箱（拆箱）及交货等工作均在承运人码头集装箱货运站或内陆集装箱转运站进行 ④分为直拼或转拼，直拼是指集装箱内的货物在同一个港口装卸，在货物到达目的港前不拆箱，运期短、方便快捷；转拼是指集装箱内的不是同一目的港的货物，需在中途拆箱卸货或转船，运期较长、运费偏高

货物装入集装箱是运输的前提，装箱时间点不同，决定了托运人和承运人（或货代）的不同工作。集装箱的交接方式如下：

◆ 门到门（door to door）；

◆ 门到集装箱货运站（door to CFS）；

◆ 门到集装箱堆场（door to CY）；

◆ 集装箱货运站到门（CFS to door）；

◆ 集装箱货运站到集装箱货运站（CFS to CFS）；

◆ 集装箱货运站到集装箱堆场（CFS to CY）；

◆ 集装箱堆场到门（CY to door）；

◆ 集装箱堆场到集装箱货运站（CY to CFS）；

◆ 集装箱堆场到集装箱堆场（CY to CY）。

门到门装箱是让托运人最轻松的方式，在生产工厂或仓库就能装箱，然后由承运人运输。

从整箱和拼箱的定义及特点可以看出，选择不同的装箱方式，企业承担的货运成本有很大差异，外贸员应秉着减少成本的原则灵活选择，可以通过市场上的一些物流网站查询运费，一目了然。

如以物流巴巴网站为例，进入首页便可以看到不同装运方式的运费查询服务。输入目的港，然后选择出发港口，单击"海运费查询"按钮即可，如图5-1所示。

第 5 章　货物的物流安排不简单

图 5-1　物流巴巴运费查询服务

跳转页面后可以看到不同船公司的近期航线信息，包括有效期、起运港、目的港、集装箱大小和类型以及对应运费、截关和航程天数等，单击"运价详情"按钮可查看详情，如图 5-2 所示。

图 5-2　各船公司航线信息

进入详情页，可看到运费之外的附加费用，如文件费、封条费、打单费和码头费，通过设置需要的集装箱数量，系统自动核算费用，图 5-3 为 2 个 20 英尺普柜核算的结果为 USD480+CNY2030。若是运费合理就可在线订舱。

拼箱运价按重量和体积来计算，体积越大运费越高，附加费用包括拼箱费、报关费和文件费。图 5-4 是重量为 410 kg、体积为 560 立方米的货物，其拼箱费用合计为 USD560+CNY23 020。

131

附加费	新加坡海运整柜运价推荐						
中文	英文	20GP	40GP	40HC	单票价格	币种	备注
文件费	DOC	0	0	0	450	CNY	
封条费	SEAL	50	50	50	0	CNY	
打单费	EIR	40	40	40	0	CNY	
码头费	THC	700	1100	1100	0	CNY	

海运服务: 20GP - 2 +   40GP - 0 +   40HC - 0 +

增值服务: ☐ 委托报关 ☐ 保险（美金） ☐ 拖车

费用名称	单位	单价	数量	金额
海运费	20GP	USD 240	2	USD 480
文件费	JOB	CNY 450	1	CNY 450
封条费	20GP	CNY 50	2	CNY 100
打单费	20GP	CNY 40	2	CNY 80
码头费	20GP	CNY 700	2	CNY 1400

合计：USD: 480 + CNY: 2030 + HKD: 0

图 5-3　合计运费

海运服务: 重量 410 (Kg) 体积 560 (立方米)

增值服务: ☐ 委托报关 ☐ 保险（美金） ☐ 拖车

费用名称	单位	单价	数量	金额
海运费	RT	USD 1	560	USD 560
拼箱费	RT	CNY 40	560	CNY 22400
报关费	BILL	CNY 320	1	CNY 320
文件费	BILL	CNY 300	1	CNY 300

合计：USD: 560 + CNY: 23 020 + HKD: 0

图 5-4　拼箱运价计算

那么代表集装箱类型和大小的 20GP、40GP、20HC 和 40HC 分别是什么意思呢？见表 5-7。

表 5-7 集装箱类型和大小的含义

箱型 尺码	GP （general purpose，普通用途）	HC （high container，高柜）
20（英尺）	20 英尺普柜（小柜）	20 英尺高柜 （比普柜高 1 英尺，长宽一样）
40（英尺）	40 英尺普柜（大柜）	40 英尺高柜

5.2 货代可做备选方案

做国际贸易不能不知道货代，找一个靠谱的货代，可以帮助企业省去很多麻烦。所谓货代，即国际货运代理，接受客户的委托完成货物运输的某一个环节或与此有关的环节。涉及这方面的工作都可以直接或间接地找货代来完成，以节省企业的时间与交送成本。货代是货主与承运人之间的中间人、经纪人和运输组织者。

5.2.1 如何挑选货代

国际货代的服务范围包括国外提货、国外报关、订舱、包装、国内清关、国内仓储和国内派送等。现在很多企业都会通过货代来办理有关业务，那么如何选择货代呢？外贸员不光要有渠道，还要多方面考察，才能最终确定合适的货代。

这里所说的货代是普通货代，由出口企业自行选择，主动权掌握在己方手里。常见的货代挑选渠道如下：

◆ 搜索引擎

通过搜索引擎寻找货代是最简便，也是最快速的方式，国内货代可在百度、知乎等网站进行搜索，很多货代都在这些平台上发布消息。搜索关键词进行搜索即可，一般为"地名/港口+海运/货代"。图5-5为在百度及知乎网站通过关键词搜索到的货代信息。

图5-5　通过关键词搜索货代

◆ 专业论坛

国际贸易的相关论坛中也有很多货代资讯，外贸员应该经常性地关注相关论坛，不仅可以学到很多业务经验，还能通过其他人员发布的货代资源，联系到较好的货代公司。常见的外贸论坛有：福步外贸论坛、敦煌网外贸论坛和国际海运网等。图 5-6 为国际海运网发布的货代公司信息。

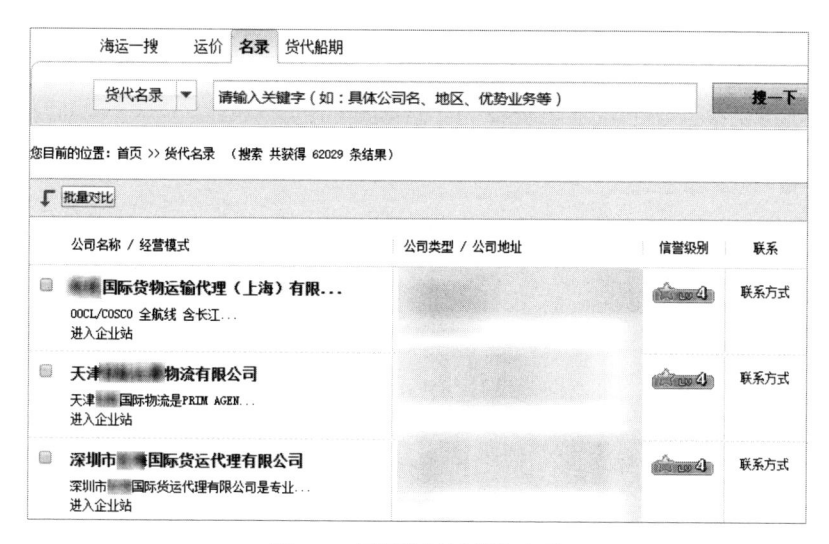

图 5-6　国际海运网货代名录

◆ 本地货代

除了网络工具，外贸员还可以选择传统的渠道，即本地就近搜寻货代公司，最大的好处便是可以上门实地考察，签约以及提供服务都更方便。

外贸员还可请业内朋友或合作者介绍，业内知名的货代公司一般都有自己的优势，不容易被骗。除了自己寻找货代，其实货代公司也会毛遂自荐，很多贸易公司都会收到货代主动发来的传真和邮件，希望达成合作，外贸员可筛选出合适的货代。

信息拓展 指定货代是什么

> 指定货代是指国外收货人指定启运港某一货代为其办理发货商出口货物的海运订舱、陆运及报关等其他事宜。指定货代一般发生在 FOB 术语下，买方指定货代后，货代会直接与出口商确定船期和报价，外贸企业据此将货物按时送到指定地点。

收集了货代公司的信息后，如何从中选择？外贸员需要结合以下几个方面进行考虑，从而选择综合能力比较均衡的货代公司。

◆ 资质及信用

选择货代公司，正规合法经营是首先要考虑的要素。外贸员一定要严格审核货代公司的资质（证件齐全、登记信息属实）以及是否有征信问题，必要时可实地考察确认。此外，还可进一步了解其过往业绩，若是失误率及意外事故率较高，那么就要对该公司的经营实力有所怀疑了。

可通过天眼查等企业调查网站查询企业的违规和失信记录，或在论坛发帖，搜寻业内人士对该货代公司的评价。总之，了解的信息越多，公司面临的风险越小。

◆ 熟悉航线

经验丰富的货代对其运输航线一定非常熟悉，所考虑到的运输事项也非常全面，还有专门针对突发事件的处理模式。

因此，外贸企业和外贸人员在选择货代时，应选择货代公司的优势航线，如有的公司专做非洲航线，有的专做中亚五国航线。

◆ 就近原则

就近原则主要包括两个方面的含义：一是货代公司与外贸企业的距离较近，无论双方交流还是提供服务都更方便；二是货代公司是否在收货地有分支机构，若有，货物在收货地出现某些突发状况时可以及时启动应急机制，为外贸公司解决问题，如客户恶意压价或无力赎货等。

◆ 价格

货代的市价较为透明，外贸员多对比几家，选择性价比高的货代公司。尤其要注意那些费用中的杂费，了解清楚费用的构成，以免支出多余的费用。

◆ 服务水平

外贸员与货代公司接触时就要考察其服务态度、流程、细节及主要擅长的产品领域（食品、化妆品或液体化工）等，留下较好印象的货代公司，外贸员可进一步接触。

◆ 试走件

对于考察各方面合格的货代公司，外贸员可通过试走件加以验证，如挑选量少、低值的订单试走件，货代公司是否专业一试便知，之后再考虑大订单及长期合作。

5.2.2 货代杂费谨慎支出

货代费用一般指货物从己方仓库到船上这一过程中所产生的一切费用。货代费用的组成项目较多，且并不是一成不变的，不同的货代公司有不同的服务，外贸公司支付的费用会有很大差别。

为了避免货代公司巧立名目，收取多余的杂费，外贸员要在签约之前了解费用组成以及对应的服务。常见的货代杂费如下：

◆ ORC（origin received charge）：意为原产地附加费/起运港码头附加费，或原产地收货费。此费用是码头费(THC)的一种衍生，在广东、广西、海南和云南出口的海运集装箱或者部分航线，船东将ORC替代THC码头费。

- SEAL：为封条费或铅封费，以前是免费的，现在部分船公司会收取该费用。

- TLX（telex release charge）：电放费，在近洋运输中，由于船期很短，货物到港后银行或邮寄提单可能还没到，为不影响提货，收货人会要求发货人将提单电传，凭提单传真等提货，电放就是提单电子放行。在办理提单电放时，要先与船公司联系，告知提单需要电放，这时可能会收取电放费，收费根据各船公司规定各有不同。

- EIR（equipment interchange receipt）：设备交接单（指进出港区、场站时，用箱人、运箱人与管箱人或其代理人之间交接集装箱的凭证）费用或是打单费，基本上场站都会收取打单费。

- TRU（trucking fee）：即拖车费，也叫提货费或包干费，指从工厂或者装柜地点到起运港口这一段的提货运输费用。

- CUS（customs charge）：指报关费，委托货代报关所收取的劳务费。

- DDC（destination delivery charge）：指目的港提货费，一般在海运拼箱业务中比较常见，尤其是拼箱的门到门业务。

- THC（terminal handling charge）：指码头装卸费，是外销时需要支付给码头的费用。

- BAF（bunker adjustment factor）：即燃油附加费，或称FAF（fuel adjusted factor），是指由于燃油价格上涨，使船舶的燃油费用支出超过原核定的运输成本中的燃油费用，船公司在不调整基本运价的前提下，为补偿燃油费用的增加而加收的附加费。

- CAF（currency adjustment factor）：指货币贬值附加费，是一种费率，一般以百分比的形式出现，如17.9%。

- DOC（document）：指文件费。

- PSS（peak season surcharge）：指旺季附加费，这个费用一般在货运比较繁忙的时候很多船公司都会借故收取。

- AMS（automated manifest system）：指美国舱单系统录入费，凡是运往或经停美国的货物，船公司必须在开航日期前24小时将货物资料通过AMS系统报美国海关，向货主收取AMS附加费。
- ENS（entry summary declaration）：指入境申报费（自2011年1月1日起，欧盟将对前往或途经欧盟港口的所有货运强制执行"舱单提前申报"规则，该规则适用于全部欧盟成员国）。

这些费用收取项目会根据货代公司、航运时间和航线不同有所调整，但在行业内基本是固定的。货代在向外贸企业报价时，一般会列明费用项目，货代报价单的基本格式，见表5-8。

表5-8 货代报价单（柜货）

TO:					
业务内容	起运港（POL）		××		
	目的港（POD）		×××		
	品名				
船公司（shippingline）	×××航运公司（MSC）				
预计可装柜日期	4月3日				
可选择船东船期	××二截四开				
总航期（T/T）	25天				
名称	费用明细				备注
	币种	20GP	40GP	40HQ	
海运费（O/F）	USD	200	400	400	CNTR
燃油附加费（BAF）	USD	50	400	400	CNTR
低硫费（LSS）	USD	15	30	30	BILL

续表

码头操作费（THC）	CNY	825	1 250	1 250	CNTR
文件费（DOC）	CNY	8			CNTR
港口安全设施费（ISPS）	USD	50			BILL
封条费（SEAL）	CNY	50			CNTR
电子打单费（EIR）	CNY	35			BILL
报关费（CUS）	CNY	35			CNTR
拖车费（TRU）	USD	35			每柜每车，限重18吨，超重每吨加CNY 50
过磅费	USD	35			CNTR
保险费（INS）	CNY				按货值的1‰计算，最低为人民币100元
电放费（TLX）	CNY	500			BILL
以下是延伸服务收费明细					
EIS					
DTHC					
LIFTON/OFF					
HANDLE CHARGE					
PORT CHARGE					
DELIVERY FEE					
DAP 小计					
TAX					

续表

汇总	USD		CNY		

Remark:
1. 以上报价有效期为 6 月 30 日，如有价格变动我司会及时更新。
2. 我司汇率为 USD:RMB=1:7.283 8；RMB:USD=1:0.137 3。
3. 以上价格不含堆存、查验、商检、异地提柜等费用，如有发生，实报实销。
4. 如报价距离出货期太久，请出货前再次确认价格，感谢您的询价。

十分感谢贵公司的支持，如需海运、空运的报价及相关服务，请来电咨询，谢谢。
Looking forward your reply. Thank you very much.

查看报价表格，对于不合理的地方要及时提出，向货代咨询清楚，以免后续产生纠纷。外贸企业不付清杂费，难以及时从货代处拿到提单、核销单和报关单等单证。

5.2.3 与货代合作的基本流程

与货代初步确定合作事宜后，外贸员要积极配合货代的工作，保证货物运输的衔接与稳妥，在条件允许的情况下，为各项工作留足时间。一般来说合作的基本工作流程如下：

①将海运委托书盖上订舱章，发给货代。

②货代办理好订舱服务后，将货物进仓通知传真给贸易公司，以便发货人及时安排送货到指定地点（需要发货人自行送货）；若是货代负责运输，需通过 S/O，到工厂或仓库装运货物。

③企业将报关资料（合同、发票、装箱单、报关单和核销单等）及时交给货代，委托货代报关，或在货代规定的时限内完成自理报关。

④外贸企业将客户对提单的要求告知货代，让货代按照要求制单，最后确认货代所制提单内容。

⑤货代安排集装箱集港，通关放行。

⑥货物启运后，货代通知结算费用，并出具运费发票。外贸企业付清费用后取得提单。

⑦委托货代报关的，货代将退回的核销单及部分报关单转交外贸企业，以便外贸员办理核销事宜。

5.3 准备各项运输单证

国际货运中的各项单证都有其独特的、重要的作用，衔接着不同的货运环节，划分各方的权利与义务，外贸员对这些单证的作用与格式应有基本的了解。

5.3.1 提单是什么

提单是船方或其代理人签发的，证明已收到货物，允许将货物运至目的地，并交付给托运人的书面凭证，作为承运人和托运人之间处理运输中双方权利和义务的依据。

货物由承运人接收或者装船后，应托运人的要求，承运人应当签发提单。为什么一定要签发提单呢？那是因为提单在日常运输中有如下三点重要作用：

货物收据：提单是承运人签发给托运人的收据，确认承运人已收到提单所列货物并已装船，或者承运人已接管了货物，已代装船。

运输契约证明：承运人之所以为托运人承运有关货物，是因为承运人和托运人之间存在一定的权利义务关系，双方权利义务关系以提单作为运输契约的凭证。

货权凭证：提单是货物所有权的凭证。谁持有提单，谁就有权要求承运人交付货物，并且享有占有和处理货物的权利，提单代表了其所载明的货物。

根据《中华人民共和国海商法》第七十三条规定，提单正面内容包括以下 11 项：

（一）货物的品名、标志、包数或者件数、重量或者体积，以及运输危险货物时对危险性质的说明；

（二）承运人的名称和主营业所；

（三）船舶名称；

（四）托运人的名称；

（五）收货人的名称；

（六）装货港和在装货港接收货物的日期；

（七）卸货港；

（八）多式联运提单增列接收货物地点和交付货物地点；

（九）提单的签发日期、地点和份数；

（十）运费的支付；

（十一）承运人或者其代表的签字。

提单背面的条款作为承托双方权利义务的依据，多则三十余条，少则也有二十几条，这些条款一般分为强制性条款和任意性条款两类。强制性条款的内容是不能违反有关国家的法律和国际公约、港口惯例的规定。任意性条款允许承运人自行拟定，适用于某些特定港口或特种货物，或托运人要求加列的条款。

虽然各种提单背面条款多少不一，内容不尽相同，但通常都有一些主要条款，见表 5-9。

表 5-9 提单背面的主要条款

主要条款	具体介绍
定义条款	对与提单有关的用语含义和范围作出明确规定的条款，如"货方（merchant）包括托运人（shipper）、受货人（receiver）、发货人（consignor）、收货人（consignee）、提单持有人（holder of B/L）以及货物所有人（owner of the goods）"
首要条款	承运人按照自己的意志，印刷于提单条款的上方，通常列为提单条款第一条，用以明确提单受某一国际公约制约或适用某国法律的条款
管辖权条款	该条款规定双方发生争议时由何国行使管辖权，即由何国法院审理，有时还规定法院解决争议适用的法律，通常规定对提单产生的争议由船东所在国法院行使管辖权
承运人责任条款	规定承运人在货物运送中应负的责任和免责事项
承运人的责任期间	关于承运人对货物运输承担责任的起止时间条款
装货、卸货和交货条款	对托运人在装货港提供货物，以及收货人在卸货港提取货物的义务所作规定的条款
运费和其他费用条款	通常规定托运人或收货人应按提单正面记载的金额、货币名称、计算方法、支付方式和时间支付运费
自由转船条款	该条款规定，如有需要，承运人为了完成货物运输可以任意采取一切合理措施，任意改变航线、港口或将货物交由承运人自有的或属于他人的船舶，或经铁路或以其他运输工具直接或间接地运往目的港，或运到目的港转船、收运、卸岸、在岸上或水面上储存以及重新装船运送，以上费用均由承运人负担，但风险由货方承担
选港条款	通常规定，只有当承运人与托运人在货物装船前有约定，并在提单上注明时，收货人方可选择卸货港。收货人应在船舶驶抵提单中注明的可选择的港口中第一个港口若干小时之前，将其所选的港口书面通知承运人在上述第一个港口的代理人。否则承运人有权将货物卸于该港或其他供选择的任一港口
危险货物条款	规定托运人对危险品的性质必须正确申报并标明危险品标志和标签

提单按照不同的分类方式可分为各种类型，外贸员有必要进行了解，方便自己填写相应内容。表 5-10 为提单的各种分类。

表 5-10　提单分类

分类依据	分类	介绍
收货人抬头	记名提单	指收货人栏中已具体填写收货人名称的提单，承运人在卸货港只能把货物交给提单上指定的收货人。记名提单一般只适用于运输展览品或贵重物品，短途运输中使用较有优势，而在国际贸易中较少使用
	不记名提单	指收货人一栏内没有指明任何收货人，而注明"提单持有人（bearer）"字样或空白的提单。谁持有提单，谁就可以提货，这种提单风险极大，故国际上较少使用这种提单
	指示提单	在收货人一栏内填上"凭指示（to order）"或"凭某人指示（order of…）"字样的提单。指示提单在国际海运业务中使用较广泛
货物是否已装船	已装船提单	货物装船后由承运人或其授权代理人根据大副收据签发给托运人的提单。如果承运人签发了已装船提单，就是确认其已将货物装船，这种提单通常必须注明装载货物的船舶名称和装船日期
	收货待运提单	承运人在收到托运人交来的货物但还没有装船时，应托运人的要求而签发的提单。在信用证支付方式下，银行一般不肯接受这种提单，托运人可用收货待运提单向承运人换取已装船提单
有无批注	清洁提单	承运人未在提单上加注任何有关货物残损、包装不良、件数、重量和体积，或其他妨碍结汇批注的提单。买方一般会要求卖方提供清洁提单，以保证货物外观良好。在以信用证为付款方式的贸易中，通常卖方只有向银行提交清洁提单才能取得货款
	不清洁提单	在货物装船时，承运人若发现货物包装不牢、破残、渗漏、玷污和标志不清等现象时，大副将在收货单上对此加以批注，并将此批注转移到提单上，这种提单称为不清洁提单

续表

分类依据	分类	介绍
运输方式	直达提单	货物从装货港装船后，中途不经转船，直接运至目的港卸船交与收货人的提单。直达提单上不得有"转船"或"在某港转船"的批注。凡信用证规定不准转船者，必须使用直达提单
	转船提单	货物从起运港装载的船舶不直接驶往目的港，需要在中途港口换装其他船舶转运至目的港卸货，承运人签发这种提单称为转船提单
	联运提单	货物运输需经两段或两段以上的运输方式来完成，如海陆、海空或海海等联合运输所使用的提单
	多式联运提单	主要用于集装箱运输，是指一批货物需要经过两种以上不同运输方式，其中一种是海上运输方式，由一个承运人负责全程运输，负责将货物从接收地运至目的地交付收货人，并收取全程运费所签发的提单。提单内的项目不仅包括起运港和目的港，而且列明一程、二程等运输路线，以及收货地和交货地
提单内容的简繁	全式提单	提单正面印有提单格式所记载的事项，背面列有关于承运人、托运人及收货人之间权利、义务等详细条款的提单。在海运实际业务中大量使用的是全式提单
	简式提单	提单背面没有关于承运人、托运人及收货人之间的权利、义务等详细条款的提单
收费方式	运费预付提单	在 CIF、CFR 条件下交易，货物托运时必须预付运费。在运费预付情况下出具的提单为运费预付提单
	运费到付提单	在 FOB 条件下交易，运费均为到付，并在提单上载明"运费到付"字样，这种提单称为运费到付提单。货物运到目的港后，只有付清运费，收货人才能提货
	最低运费提单	对每一张提单上的货物按起码收费标准收取运费所签发的提单

5.3.2 知道怎么填写提单

外贸员填写提单时应规范、据实填写，这样货运各方才会按照提单信息和要求填写相关单据，并托运货物，完成外贸交易。对于提单中的要点内容该如何填写呢？具体如下：

托运人（shipper）：填写托运人的名称、地址，必要时也可填写代码。

收货人（consignee）：填写收货人的名称、地址，必要时可填写电话、传真或代码。

通知方（notify party）：通知方一般为预定的收货人或收货人的代理人。在信用证项下的提单，必须严格按照信用证要求填写。如果是记名提单或收货人指示提单，且收货人又有详细地址的，则此栏可以不填。

船名（name of vessel）：填写装运货物的船名及航次。

接货地（place of receipt）：此栏在多式联运方式下填写，表明承运人接收到货物的地点。

交货地（place of delivery）：此栏在多式联运方式下填写，表明承运人交付货物的地点。

装货港（port of loading）：此栏应填写实际装船港口的具体名称。

卸货港（port of discharge）：此栏应填写实际卸下货物的港口具体名称。如需转船，第一程提单上的卸货港填转船港，收货人填二程船公司；第二程提单上的装货港填上述转船港，卸货港填最后的目的港。若由第一程船公司签发联运提单（through B/L），则卸货港可填写最后目的港，并在提单上列明第一和第二船名。若经某港转运，要显示"via ××"字样。

货名（description of goods）：在信用证项下，货名必须与信用证上规定的货名一致。

件数和包装种类（number and kind of package）：此栏按箱子的实际包装情况填写。集装箱整箱运输的，此栏通常填写集装箱的数量、型号（如 1×20FT DC）；如果是拼箱运输，此栏应填写货物件数（如 10 Cases ××）。

唛头（shipping marks）：按信用证规定或按发票上的唛头填写。

毛重、尺码（gross weight；measurement）：信用证上有规定的，必须按规定填写，否则一般以千克为单位列出货物的毛重，以立方米列出货物的体积。

运费与费用（freight and charges）：一般填写为预付（freight prepaid）或到付（freight collect）。

温度指示（temperature control instructions）：此栏填写冷藏箱运输时所要求的温度，应尽量避免标明具体温度。

提单的签发地点、日期和份数（place and date of issue, number of original B(s)/L）：提单签发的地点原则上是装货地点（装货港或货物集中地）。提单的签发日期为货物实际装船完毕的日期，也应与收货单上大副所签发的日期一致；若是在信用证项下结汇，提单签发日期必须与信用证或合同所要求的最后装船期一致或先于装船期。如果卖方估计货物无法在信用证规定的期限内装船，应尽早通知买方，要求修改信用证。提单份数一般按信用证要求出具，如 "Full Set of" 或 "Three"，一般理解为正本提单一式三份。

5.3.3 装箱单的基本内容

装箱单是发票的补充单据，它列明了信用证（或合同）中买卖双方约定的有关包装事宜的细节，便于国外买方在货物到达目的港时配合海关检查和核对货物，通常可以将其有关内容加列在商业发票上，但是在信用证有明确要求时，就必须严格按信用证约定制作。

第 5 章 货物的物流安排不简单

对于不同特性的货物，进口商可能对某一或某几个方面（例如包装方式、重量、体积和尺码）比较关注，因此希望出口商重点提供某一方面的单据，包括装箱单、重量单和尺码单（packing list, weight list and measurement list）。这些单据属于同一类型，都是商业发票的补充单据，具备以下特点：

- 单据的号码和日期两栏与发票完全相同；
- 一般不显示收货人、价格和装运情况，对货物描述使用统称概述；
- 装箱单着重表现货物的包装情况，从最小包装到最大包装的包装材料以及包装方式一一列明；
- 单据制作要以信用证、合同、备货单和出货单为凭据。

装箱单的基本格式见表 5-11，可参考制作。

表 5-11 装箱单

From:	Packing List（装箱单）	
	P/L Date（装箱日期）	
To:	Invoice No.（发票号码）	
	Invoice Ddte（发票日期）	
	Contract No.（合同号）	

续表

Marks（唛头）	Description of Goods（货物描述）	Package（件数）	Quantity（数量）	G.W（毛重）	N.W（净重）	Meas.（体积）
Total（总量）:						
Say Total（总量的大写）:						
Signature（出口商签章）:						

因缮制的出口公司不同，装箱单内容也不尽相同，不过一般包括包装单名称、编号、日期、唛头、货名、规格、包装单位、件数、每件的货量、毛净重、包装材料、包装方式、包装规格及签章等。

5.3.4 商业发票必不可少

商业发票是出口贸易结算单据中最重要的单据之一，卖方在发票上详细列述了装运货物的情况，包括货名、品质、数量和价格等内容，其他有关单据都据此缮制。其中有以下四条重要作用：

①买卖双方交接货物和结算货款的主要单证；

②作为进口国确定征收进口关税的基本资料；

③买卖双方索赔、理赔的依据；

④在货物装运前，出口商需要向海关递交商业发票，作为报关发票。

商业发票没有统一格式，不同用途的发票类型也不同，一般按信用证规定制作。表 5-12 为商业发票的基本格式，可参考借鉴缮制。

表 5-12　商业发票

Isssuer（出口方）	Commercial Invoice（商业发票）			
To（收货人）	Date（日期） PO（订单号） INV.No.（发票号） Payment（支付方式）			
Item No.	Description	Quantity	Unit Price（USD）	Amount（USD）
HS Code:				
		Total:＿＿＿＿＿$ Grand Total:＿＿＿$		
Total（大写）：Say ××××××××××××				
Signature（出口商签章）：				

外贸员可以从表 5-12 内容了解到商业发票应该具备的主要内容，分为三大部分：

首文部分：首文部分主要列明发票名称、发票号码、出票日期、船名、装运港、卸货港、发货人和收货人等。

文本部分：文本内容主要包括唛头、货名、货物数量、规格、单价和总价等。

结文部分：结文内容一般包括信用证中加注的特别条款或文句，如发票的出票人签字（右下角）。

> **信息拓展** 商业发票类型
>
> 一般的商业发票印有"COMMERCIAL INVOICE""SHIPPING INVOICE""TRADE INVOICE"或"INVOICE"字样。除此之外，有的信用证还会规定制作"DETAIED INVOICE"（详细发票），发票内容应详细列明货物名称、规格、数量、单价、价格条件和总值等内容；"CERTIFIED INVOICE"（证实发票）应在发票内注明"We hereby certify that the contents of invoice herein are true & correct"，"E. &. O. E."（有错当查）应去掉；"Manufacture's Invoice"（厂商发票）应在发票内注明"We hereby certify that we are actual manufacturer of the goods invoice"。

5.3.5　出口需申请原产地证

原产地证（certificate of origin）是出口国的特定机构出具的证明其出口货物为该国家（或地区）原产的一种证明文件。"中华人民共和国出口货物原产地证明书"是证明有关出口货物原产地为中华人民共和国的证明文件。

原产地证书在对外贸易中可作为贸易关系人交接货物、结算货款、索赔理赔、进口国通关验收及征收关税的有效凭证，还是出口国享受配额待遇、进口国对不同出口国实行不同贸易政策的凭证。因此，原产地证有以下两大作用：

①作为征税的依据；

②作为允许进口的文件之一。

目前申请原产地证书非常方便，不需要备案，可直接线上申请，基本流程如图5-7所示。

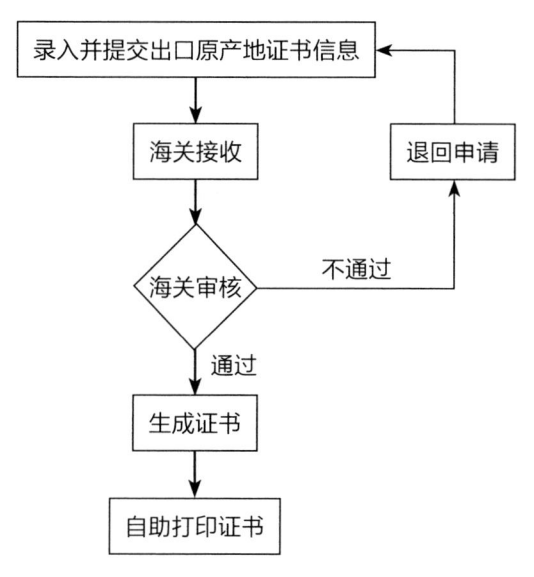

图 5-7 原产地证书签发申请流程

外贸申报员可在中华人民共和国海关总署的互联网+海关平台进行操作，选择"我要办"→"税费业务"→"原产地管理"→"原产地证书签发"选项，进入原产地综合服务平台，如图 5-8 所示。

图 5-8 进入原产地综合服务平台入口

进入相关页面后，单击"新建证书"菜单，选择要申请的原产地证书，录入"基本信息"和"货物信息"后，单击"申报"按钮。其中，带有黄色底纹的字段为必填项，不填写无法完成申报。

申报后，单击"证书查询"界面查看单据状态，查看海关审核回执。提交的申请信息经审核无误的，系统提示审核成功。提交的申请信息经审核有误的，系统会将错误信息反馈给企业，企业需根据情况进行修改后重新提交。

在"查询结果列表"中选择一条记录，单击界面中"打印"按钮。可选择打印申请书、打印发票、打印认证凭条。企业可通过国际贸易单一窗口自行打印海关审核通过的原产地证书。

信息拓展 贸促会和海关签发的原产地证区别

贸促会和海关签发的原产地证书具有同等法律效力，内容也差不多，区别主要有以下两点：

①格式上有细微差别，如证书底色、印章和机构缩写等；

②签发机构不同，贸促会与海关分别代表商会组织与政府部门，企业可根据国外客户的需求向对应的签发机构申请。

5.3.6 关税优惠的原产地证种类

贸易情况不同、国别不同，企业要申请的原产地证书会有差别，依据关税优惠对原产地证书进行分类，见表5-13。

表 5-13 原产地证书种类

分类		具体介绍
一般原产地证		证明有关出口货物和制造地的一种证明文件,是货物在国际贸易行为中的"原籍"证书,在特定情况下,进口国据此对进口货物给予不同的关税待遇
普惠制原产地证		发达国家给予发展中国家或地区在经济、贸易方面的一种非互利的特别优惠待遇。即发展中国家向发达国家出口制成品或半制成品时,发达国家对发展中国家予以免征或减征关税
不同区域优惠	中国—韩国自贸区原产地证	随附该证书的出口货物依照中韩自由贸易协定规定在韩国享受优惠关税待遇
	中国—东盟自贸区原产地证	一种优惠性原产地证明书,签证国家有文莱、柬埔寨、印度尼西亚、老挝、马来西亚、缅甸、菲律宾、新加坡、泰国和越南
	亚太贸易协定原产地证	签发国家有韩国、斯里兰卡、印度、孟加拉国 4 个国家,降税幅度从 5% 到 100% 不等

除了表中介绍的三种区域的优惠性原产地证,还有中国—智利自贸区原产地证、中国—巴基斯坦自贸区原产地证、中国—秘鲁自贸区原产地证、中国—澳大利亚自贸区原产地证、中国—哥斯达黎加自贸区原产地证、中国—新加坡自贸区原产地证、中国—新西兰自贸区原产地证、中国—冰岛自贸区原产地证和中国—瑞士自贸区原产地证。

下面通过图 5-9 来了解一般原产地证书的样式,外贸员可据此对原产地证有更清晰的认识。

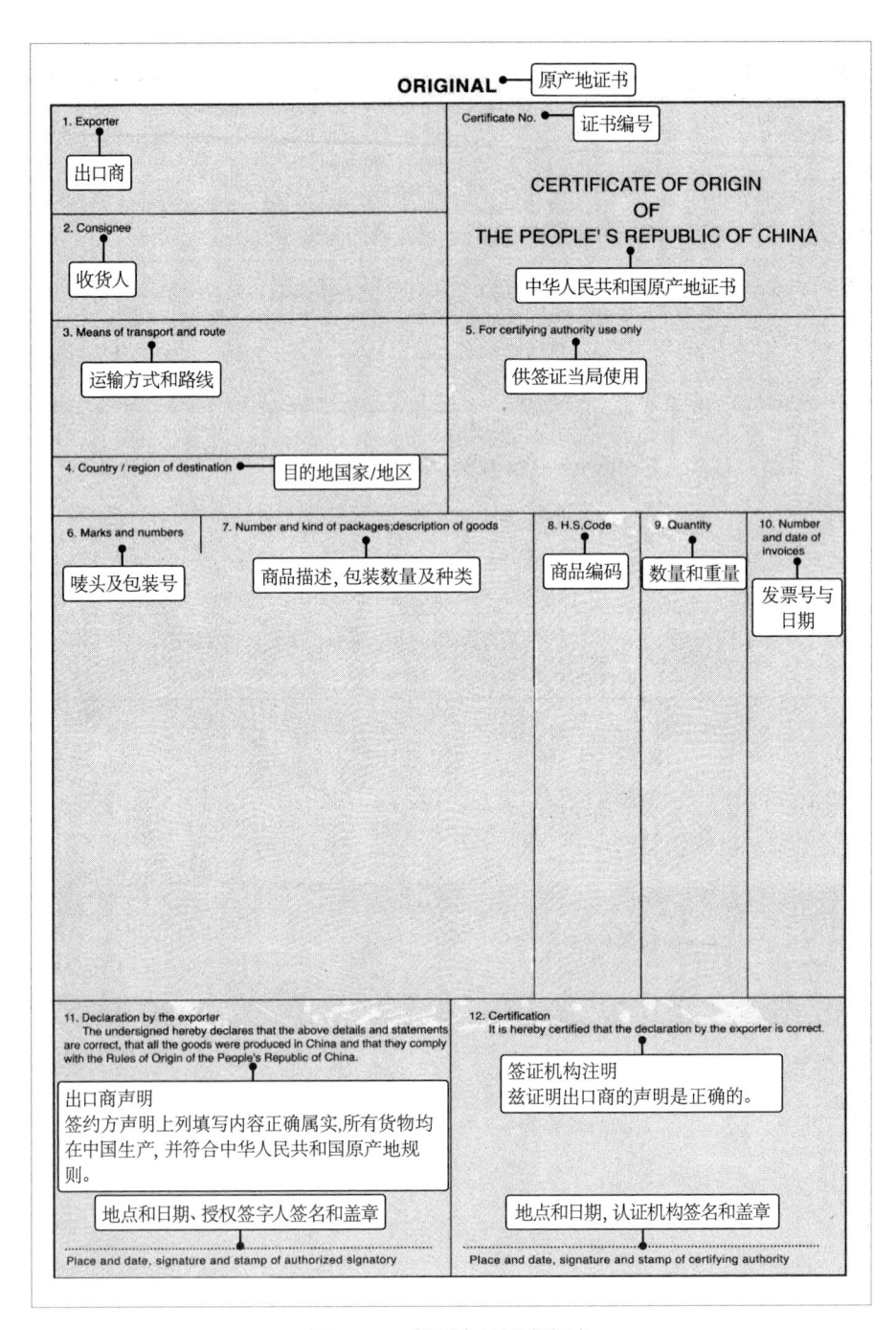

图 5-9 一般原产地证书版式

第6章

外贸结算完成交易

外贸结算是出口贸易中的重要环节,决定了交易双方最终能否从此次贸易活动中获益。虽然外贸企业可选择的结算方式有很多,但或多或少都存在一些风险,所以外贸员一定要对各种结算方式了如指掌,这样才能避免被对方"钻空子",钱货两空。

6.1 汇付的两种支付方式

汇付也称为汇款,是国际支付结算方式之一,付款方通过第三方(一般是银行)使用各种结算工具,主动将款项汇付给收款方。汇款业务中通常有四个基本当事人:汇款人(即付款人)、汇出行、汇入行和收款人。

6.1.1 电汇操作更方便

电汇(telegraphic transfer,T/T)即汇出行应汇款人申请,以电报或电传通知国外汇入行,委托其将汇款支付给指定收款人。现逐渐由电子汇款取代。一般两个小时,最晚一个工作日就能够到账。

电汇需要汇款人到银行专柜办理或是线上办理,具体流程如下:

①汇款人填写汇款申请书,并在申请书中注明采用电汇 T/T 方式。将所汇款项及所需费用交给汇出行,取得电汇回执。汇出行接到汇款申请书后进行审核。

②汇出行根据汇款申请书内容以电报或电传向汇入行发出解付指示。电文内容主要包括汇款金额及币种、收款人名称、地址或账号、汇款人名称、地址、附言、头寸拨付办法、汇出行名称或 SWIFT 系统地址等。

③汇入行收到电报或电传后,核对密押是否相符。核对无误后,即缮制电汇通知书,通知收款人取款。

④收款人持通知书一式两联向汇入行取款,并在收款人收据上签章后,汇入行即凭以解付汇款。

实务中,如果收款人在汇入行开有账户,汇入行往往不缮制汇款通知书,仅凭电文将款项汇入收款人账户,然后给收款人一张收账通知单,也不需要收款人签具收据。

在网银系统办理境外汇款非常方便，如图 6-1 所示，只需经过三个步骤：收款信息填写、汇款信息填写以及信息确认。

图 6-1 境外汇款服务

信息拓展 SWIFT Code 是什么

在填写收款银行信息时，会涉及 SWIFT Code，收款人开户银行的 SWIFT Code 是该银行的标识码，如不清楚，建议咨询收款行或在 SWIFT 组织官网单击搜索框，选择"BIC"选项查询。

电汇中的电报费用由汇款人承担，银行一般当天处理电汇业务，不占用邮递过程的汇款资金，所以，对于金额较大的汇款，或通过 SWIFT 或银行间的汇划，多采用电汇方式。

在实际的贸易活动中，根据划款的时间先后，有不同的电汇操作形式，企业也会因此面临不同的风险，具体见表 6-1。

表 6-1　T/T 的操作形式、风险及应对措施

操作形式	对应风险	应对措施
先付订金，见提单再付尾款	无提单就成功提货，不支付尾款	出口商应在合同中明确约定，收货人必须通过正本提单提货
先付订金，到货后一段时间内付尾款	①拖欠尾款 ②汇率变动导致汇率损失 ③客户以质量问题要求降价	①只对长期合作且信用良好的企业实行此种付款方式 ②在贸易合同中约定质量条款 ③以人民币计价或锁定远期汇率
见提单付款	①无提单就成功提货，不支付尾款 ②进口方反悔，放弃交易	①必须由正本提单提货 ②采用预付订金方式交易

6.1.2　票汇的使用情况

票汇（demand draft，D/D），即汇出行应汇款人申请，代开以汇入行为付款人的汇票，交给汇款人自行邮寄或携带出国，交给收款人向汇入行领取汇款。票汇以银行即期汇票作为结算工具，具有以下两个特点：

- 一是汇入行无须通知收款人取款，而由收款人上门自取。
- 二是收款人通过背书可以转让汇票，因而到银行领取汇款的，有可能并不是汇票上列明的收款人本人，而是其他人。这样票汇牵涉的当事人可能就多于电汇。

在国际贸易实务中，进出口商的佣金、回扣、寄售货款、小型样品、展品出售和索赔等款项的支付，常常采取票汇方式汇付。当然，在电汇不断发展后，结算越来越方便高效，相比于票汇，现在普遍采用电汇进行结算。

6.2 信用证

信用证是国际贸易结算的主要方式之一，是指银行根据进口人（买方）的请求，开给出口人（卖方）的一种保证承担支付货款责任的书面凭证，即信用证是一种银行开立的有条件的承诺付款的书面文件。对于贸易活动中常见的信用证，外贸员需要做详细了解。

6.2.1 信用证的分类

在国际贸易中，贸易交往的双方都会承担一定的风险，对于货款结算，双方都小心翼翼、互不信任，所以才出现了以银行作为保证人的结算方式，银行在这一活动中所使用的工具就是信用证。

按照不同的划分方式，信用证可分为不同类型，具体见表6-2。

表6-2 信用证类型

划分依据	类型	具体介绍
是否附有货运单据	跟单信用证（documentary credit）	凭跟单汇票或仅凭单据付款的信用证，此处的单据是指代表货物所有权的单据（如海运提单等），或证明货物已交运的单据（如铁路运单、航空运单和邮包收据）。在国际贸易的货款结算中，绝大部分使用跟单信用证
	光票信用证（clean credit）	凭不随附货运单据的光票付款的信用证。银行凭光票信用证付款，也可要求受益人附交一些非货运单据，如发票、垫款清单等
付款时间不同	假远期信用证（usance credit payable at sight）	信用证规定受益人开立远期汇票，由付款行负责贴现，并规定一切利息和费用由开证人承担。这种信用证对受益人来讲，实际上仍属即期收款，在信用证中有"假远期"（usance L/C payable at sight）条款

续表

划分依据	类型	具体介绍
付款时间不同	即期信用证（sight L/C）	指开证行或付款行收到符合信用证条款的跟单汇票或装运单据后，立即履行付款义务的信用证
	远期信用证（usance L/C）	指开证行或付款行收到信用证的单据时，在规定期限内履行付款义务的信用证
开证行责任	不可撤销信用证（irrevocable L/C）	指信用证一经开出，在有效期内，未经受益人及有关当事人的同意，开证行不能片面修改和撤销，只要受益人提供的单据符合信用证规定，开证行必须履行付款义务
	可撤销信用证（revocable L/C）	开证行不必征得受益人或有关当事人同意就有权随时撤销的信用证，应在信用证上注明"可撤销"字样
有无另一银行加以保证兑付	保兑信用证（confirmed L/C）	指开证行开出的信用证由另一银行保证对符合信用证条款规定的单据履行付款义务。对信用证加以保兑的银行称为保兑行
	不保兑信用证（unconfirmed L/C）	开证行开出的信用证没有经另一家银行保兑
受益人对信用证的权利可否转让	可转让信用证（transferable L/C）	指开证行授权可使用信用证的银行（通知行）在受益人的要求下，可将信用证的全部或一部分转让给第二受益人的信用证
	不可转让信用证（non-transferable L/C）	指受益人不能将信用证的权利转让给他人的信用证。凡信用证中未注明"可转让"，即不可转让信用证

6.2.2 信用证牵涉多方

信用证的开立、兑付及使用会涉及不同的主体，每一个主体在信用证结算支付的过程中承担不同的角色，有各自的义务和权利，从事外贸活动前需对这些重要内容加以了解。表 6-3 为信用证牵涉各方的权利与义务内容。

表 6-3　信用证牵涉各方的权利与义务

主体	定义	权利	义务
开证人	向银行申请开立信用证的人	①验、退赎单 ②验、退货 （以信用证为依据）	①根据合同开证 ②向银行交付比例押金 ③及时付款赎单
受益人	信用证上指定的有权使用该证的人，即出口人或实际供货人	①开证申请人拒绝修改信用证或修改后仍不符规定的，受益人有权在通知对方后单方面撤销合同并拒绝信用证 ②交单后若开证行倒闭或无理拒付，可直接要求开证申请人付款 ③收款前若开证申请人破产，可停止货物装运并自行处理 ④若开证行倒闭时信用证还未使用，可要求开证申请人另开	①收到信用证后应及时与合同核对，不符者尽早要求开证行修改或拒绝接受，或要求开证申请人指示开证行修改信用证 ②发货后通知收货人，备齐单据，在规定时间向议付行交单议付 ③对单据的正确性负责，不符时应执行开证行改单指示并仍在信用证规定期限交单
开证行	接受开证申请人的委托开立信用证的银行	①向开证申请人收取手续费和押金 ②拒绝受益人或议付行的不符单据 ③付款后若开证申请人无力付款，赎单时可处理单、货 ④货不足款时，可向开证申请人追索余额	①正确、及时开出信用证 ②承担第一付款责任

续表

主体	定义	权利	义务
通知行	受开证行的委托，将信用证转交给出口人的银行，是出口地所在银行	—	①证明信用证的真实性 ②转交信用证
议付行	根据信用证开证行的付款保证和受益人的请求，按信用证规定对受益人交付跟单汇票垫款或贴现，并向信用证规定的付款行索偿的银行	①可拒绝议付 ②议付后可自行处理（货运）单据 ③议付后开证行倒闭或借口拒付，可向受益人追回垫款	①严格审单 ②垫付或贴现跟单汇票 ③背批信用证
付款行	信用证上指定付款的银行，在多数情况下，付款行就是开证行	①有权付款或不付款 ②一经付款，无权向受益人或汇票持有人追索	根据符合信用证的单据向受益人付款
保兑行	受开证行委托对信用证以自己名义保证的银行	①付款后只能向开证行索偿 ②若开证行拒付或倒闭，则无权向受益人和议付行追索	①对信用证加批"保证兑付" ②不可撤销确定承诺 ③独立对信用证负责，凭单付款
承兑行	对受益人提交的汇票进行承兑的银行，亦是付款行	—	—
偿付行	受开证行在信用证上的委托，代开证行向议付行或付款行清偿垫款的银行	①只付款不审单 ②只管偿付不管退款 ③不偿付时由开证行偿付	—

6.2.3 信用证结算流程

对于信用证的结算流程,外贸员应该有清晰的认知,这样在实际操作中就知道结算环节具体进行到哪一步了,以便提前做好己方的工作准备。一般来说,结算流程会经历以下步骤:

①进出口双方签订贸易合同,规定以信用证作为结算方式;

②进口商依据贸易合同的规定,填写开证申请书,向当地银行申请开证,并交纳押金或提供其他保证;

③开证行根据开证申请书,向出口商开出信用证,并交出口商所在地分行或代理行,即通知行;

④通知行核对印鉴无误后,将信用证交受益人;

⑤受益人审核信用证内容与合同规定相符后,按信用证规定装运货物、备妥单据并开出汇票,在信用证有效期内,送当地议付行议付;

⑥议付行按信用证条款审核单据无误后,按照汇票金额并扣除利息,把货款垫付给受益人;

⑦议付行将汇票和货运单据寄交开证行或其指定的付款行,请求索偿;

⑧开证行或付款行核对单据无误后,付款给议付行;

⑨开证行通知进口商付款赎单;

⑩进口商付清货款后领取全套货运单据,提取货物。

进口商负责申请开立信用证,一般可采用非全额付款方式,即只向银行支付20%或30%的款项,其余款项通过企业信用或第三方担保的形式来代替,货物出运后再补足剩余款项。

对于进口商来说,这样的付款方式更保险,也不会占用企业大量资金,不过,银行要求企业提供的开证资料会变得更多,审核也更严格。一般来说,进口商需要提供以下资料：

- 进口商已在开证行取得授信，且有第三方担保（取得担保函）；
- 进口商的财务资料，如财务报表、企业资质文件等；
- 进口商的基本资料，如营业执照、对外贸易经营者备案登记、银行开户证明、开户资信代码证等证件的正副本原件及复印件、公司公章、法人章等；
- 开证申请书、开证申请人承诺书和外贸交易合同等。

开证申请书是开证不可缺少的文件，开证银行一般会为客户提供统一格式的空白申请书，客户填写后便可作为银行开证的依据。

在开证申请书上除了注明信用证的种类外，还应写明以下内容：

①出口商（受益人，beneficiary）的姓名和地址；开证申请人（applicant）的全称和地址；

②信用证的金额（amount）和使用的货币种类；

③要求的单据（documents required），如全套货运单据、商业发票、保险单据和质量证书等。

④货物种类及数量；

⑤交货条件，包括交货时间、地点、交货方式和收货人等；

⑥是否分批装运（partial shipments）；

⑦是否委托保兑。

6.2.4 认识信用证的基本格式

信用证格式具有一定的规范性，外贸人员应了解信用证的构成要素和基本格式，才能确保信用证的重要内容不会缺失，并对信用证进行审核，一份完整的信用证应该包括要素见表6-4。

表6-4 信用证构成要素

要素名称	基本含义
40A：Form of documentary credit	跟单信用证类型
20：Documentary credit number	跟单信用证号码
23：Reference to Pre-Advice	预先通知编号
31C：Date of issue	开证日期
31D：Date of expiry Place of expiry	到期日 到期地点
51A：Applicant bank-BIC	开证申请人银行——银行代码
50：Applicant	开证申请人
59：Beneficiary	受益人
32B：Currency code, amount	币别代号与金额
40E：Applicable rules	适用规则
41D：Available with ... by ... name/address	向银行押汇……押汇方式为……
42C：Drafts at...	汇票汇款期限
42A：Drawee-BIC	汇票付款人——银行代码
43P：Partial shipments	分批装运条款
43T：Transhipment	转运条款
44A：Loading on board/dispatch/taking in charge	装船/发运/接受监管的地点
44B：For transportation to ...	货物发送最终目的地
44C：Latest date of shipment	最迟装运日期
45A：Description of goods and/or services	货物/劳务描述
46A：Documents required	单据要求
47A：Additional conditions	附加款件

续表

要素名称	基本含义
71B：Charges	费用负担
48：Period for presentation	交单期限
49：Confirmation instructions	保兑指示
78：Instructions to pay/accept/negotiate bank	给付款行/承兑行/议付行的指示
72：Sender to receiver information	附言
27：Sequence of total	报文页次

表6-4中的要素是信用证上会涉及的重要内容，一般应该如何填制呢？下面通过表6-5对其中部分内容进行介绍。

表6-5 信用证填写内容

信用证条款代码	填制内容
40A	该条款内容一般有3种填法： ① IRREVOCABLE（不可撤销跟单信用证） ② IRREVOCABLE TRANSFERABLE（不可撤销可转让跟单信用证） ③ IRREVOCABLE STANDBY（不可撤销备用信用证） 原则上银行只受理不可撤销信用证，至于详细的转让条款应在"47A"项目中列明
20	常见的格式为"字母+数字"，如"FFF07699"
31C	一般填写6位数数字，如"220428"
31D	根据开证申请书填写，如"220815 IN THE BENEFICIARY'S COUNTRY（受益人国家有效期至22年8月15日）"
51A	进口所在地银行

续表

信用证条款代码	填制内容
50	一般填写进口公司名+地址，如："SILK TRADING CO., LTD. 16 TOM STREET. DUBAI, U.A.E."（丝绸贸易有限公司 阿联酋迪拜汤姆街16号）
59	填写方式同上，如："GUANGZHOU ZY IMPORT & EXPORT CO., LTD. 120 XUEYUAN STREET, GUANGZHOU, P.R.CHINA"（广州ZY进出口有限公司 中国广州学院街120号）
32B	根据交易金额填写，如"CURRENCY USD AMOUNT15 000.00（货币美元金额15 000）"
41D	一般填写对该证付款、承兑或议付的银行及信用证兑付方式，如"ANY BANK IN CHINA, BY NEGOTIATION（可在中国任何银行押汇）"。 银行的表示方法有3种： ① SWIFT码，此时该项目代号为"41A"。 ② 行名地址，此时该项目代号为"41D"。 ③ "ANY BANK IN…（地名/国名）"，自由议付信用证的表示。 兑付方式的表示方法有5种：BY PAYMENT（即期付款）、BY ACCEPTANCE（远期承兑）、BY NEGOTIATION（议付）、BY DEF PAYMENT（迟期付款）、BY MIXED PYMT（混合付款）
42C	如果是即期，填"AT SIGHT"或"SIGHT"。 如果是远期，一般依据申请书填写，如"180 DAYS AFTER SIGHT（见票后180天）"
42A	通常填写开证银行、信用证申请人或开证银行指定的第三者，如"HSBC BANK PLC, NEW YORK"（该项目内不能出现账号）。
43P	列明是否允许分批装运，可填"ALLOWED"或"NOT ALLOWED"。
44A	一般填写装运港，如"CHINESE MAIN PORT（中国主要港口）""NANJING（南京）"。

续表

信用证条款代码	填制内容
44C	一般依照申请书填写，如"221017"
45A	照申请书内容填写，如："CANNED WHOLE MUSHROOMS 425G×24TINS/CTN CIF BOMBAY（全蘑菇罐头，425 克×24 罐/箱，孟买到岸价）"
46A	一般根据信用证申请书填写，如果信用证规定运输单据的最迟出单日期，应在该项目列明，如："+COMMERCIAL INVOICE SIGNED IN TRIPLICATE. +PACKING LIST IN TRIPLICATE. +CERTIFICATE OF CHINESE ORIGIN CERTIFIED BY CHAMBER OF COMMERCE OR CCPIT. +FULL SET (3/3) OF CLEAN "ON BOARD" OCEAN BILLS OF LADING MADE OUT TO ORDER, BLANK ENDORSED, MARKED FREIGHT PREPAID AND NOTIFY APPLICANT."（+商业发票一式三份 +装箱单一式三份 +由商会或贸促会认证的中国原产地证书 +全套（3 正 3 副）海运提单（干净装船），空白背书，注明运费已付和开证申请人）
47A	填写附加条款，如："+ DOCUMENTS DATED PRIOR TO THE DATE OF THIS CREDIT ARE NOT ACCEPTABLE. + THE NUMBER AND THE DATE OF THIS CREDIT AND THE NAME OF ISSUING BANK MUST BE QUOTED ON ALL DOCUMENTS."（+不接受早于本证日期的单据 +所有单据上都必须注明信用证的编号、日期和开证行的名称）
71B	该项目的出现表示费用由受益人负担，若报文内无此项目，则表示除议付费、转让费外，其他费用均由开证申请人负担。填写内容如："ALL BANKING CHARGES OUTSIDE THE OPENING BANK ARE FOR BENEFICIARY'S ACCOUNT."（除开证行费用，所有其他银行费用由受益人承担）

续表

信用证条款代码	填制内容
48	规定受益人应于……日前（或……天内）向银行交单，按开证申请书要求填写，如： "DOCUMENTS MUST BE PRESENTED WITHIN 21 DAYS AFTER THE DATE OF ISSUANCE OF THE TRANSPORT DOCUMENTS BUT WITHIN THE VALIDITY OF THIS CREDIT."（交单有效期为提单签发日期后21天内，但必须在该信用证有效期内）
49	该项目条款可填写如下某一代码： CONFIRM（要求收报行保兑该信用证） MAY ADD（可以对该信用证加具保兑） WITHOUT（不要求收报行保兑该信用证）

信息拓展 信用证条款代码的注意事项

信用证上的40A、20、31C、31D等数字+字母字样，是信用证条款的代码，每个代码代表一种信用证条款内容。

当一份信用证由1份MT700报文和1~3份MT701报文组成时，条款45A、46A和47A只能完整地出现在某一份报文中（MT700或MT701），不能分开出现在几个报文中。

在MT701报文中，45A、46A和47A这3个项目条款的代号应分别为45B、46B和47B，而在MT700报文中则不变。

6.2.5 信用证结算的常见风险

信用证结算过程中涉及的主体较多，每个主体的责任和义务不同，为此需要承担的风险也不同，外贸员在涉及交易结算的相关内容时，一定要非常谨慎，了解己方可能会面临的风险，提前引起重视，提前预防，以免公司受到损失。

交易立场不同，面临的风险也有差别。出口方面临的风险如下：

不依合同开证：信用证条款应与外贸合同规定一致，但进口商有可能在开证时添加一些附加条款，如单方面提高保险险别、金额，变换目的港、更改包装等，或是在信用证中作出许多限制性的规定，不按期开证等，以达到变更合同的目的。外贸员一定要注意信用证内容与贸易合同是否完全一致，且订立贸易合同时要事先约定信用证内容。

伪造信用证：进口商伪造信用证，寄给出口商，在没有识别出任何问题的情况下，出口商将面临钱货两空的损失。

单据不易获得：进口商开立的信用证议付条件很难达到，需要出口商提供的单据一般很难获得，如特定签字单据、货柜提单和保险公司回执等。

国家政策限制：贸易合同中规定的个别信用证条款，可能不符合某些国家的法规政策，因此导致难以实现。外贸员应该就这些方面的问题有所了解，避免此种被动情况。

伪造保兑函：进口商在提供假信用证的基础上，为获得出口方的信任，蓄意伪造国际大银行的保兑函，出口商不多加注意，就有可能被骗取货物。

开证行的信用风险：信用证作为一种银行信用，若是开证行信用较差，也有可能导致收汇困难。同时，开证行能否完成付款会受进口国国家或政府管制的影响。如进口国缺乏外汇储备，可能会阻碍开证行支付货款或延误支付。

软条款：信用证中的"软条款"是指在信用证中加列的各种条款，是致使银行付款与否取决于第三者的履约行为，而不是单证是否表面相符。软条款使名义上不可撤销的信用证变成实际可撤销的，降低了银行的信用程度。

而对进口方而言，面临的风险主要有以下两点：

出口方伪造单据：信用证兑付需要单证相符，银行对出口方提交的单据进行审核，也只是审核单据内容，并不能确定货物的实际情况，若是出口方伪造单据骗取银行付款，会导致进口方钱货两空。进口企业一定要对出口商的资信状况进行全面调查。

货物实质不符：进口商有可能收到数量短缺、质量不符的货物，此种货损也会直接损害进口商的利益。进口方可以请专业的检验机构实施装船预检、监造、监装并签发装船证明等，以确保装运货物和合同约定货物相符。

6.2.6 提高信用证的可靠性

信用证结算的诸多风险应该令外贸员有所警惕，外贸企业应该尽量提高信用证的可靠性，并在贸易合同中进行规定，可从三个方面提高信用证的可靠性。

（1）规模银行开立

信用证结算方式下，银行在其中扮演非常重要的角色，如果银行不可靠，很有可能导致出口方收不到钱款。尤其是国外很多银行是私营的，规模、资质和信用度都有很大差别。

为了减小因此带来的风险，选择大银行、知名银行是最方便、有效的方式。外贸员可通过相关网站（如银行家网站）查询世界银行的排名。

在文章标题的上方一般给出两个搜索条件——"BANKER DATA（银行数据）"和"BANKER RANKINGS（银行排名）"，方便用户从不同方向了解银行的各项资讯，如图 6-2 所示。

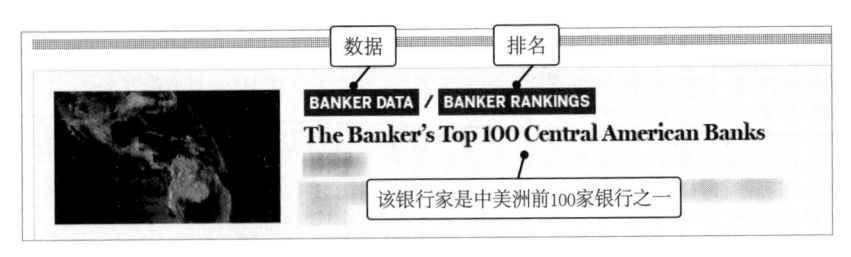

图 6-2　两个搜索条件

单击"BANKER DATA"或"BANKER RANKINGS"按钮，可分别进入对应页面，如图 6-3 所示为与银行排名有关的文章。

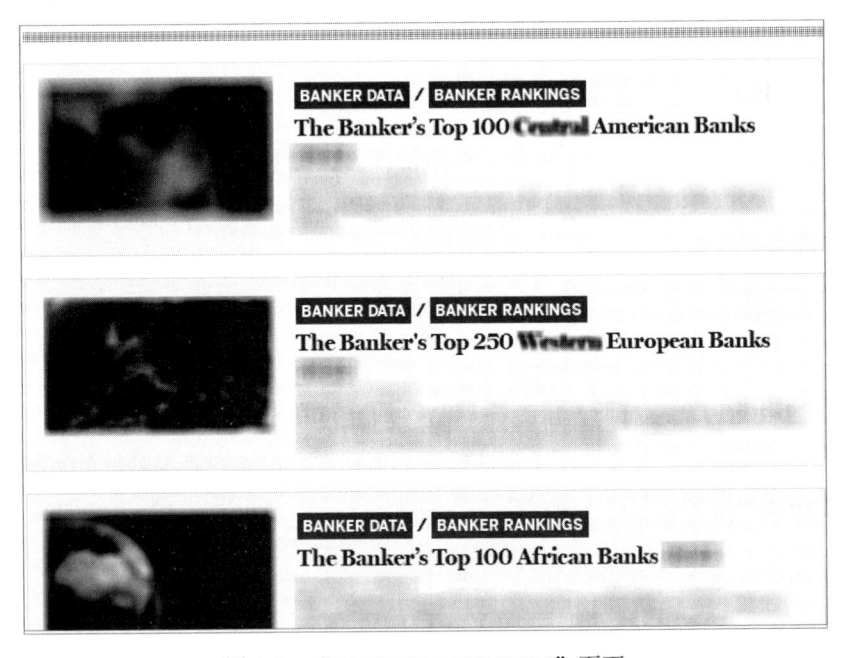

图 6-3　"BANKER RANKINGS"页面

进入"BANKER DATA"页面，可以看到与银行发展有关的各种数据报告，如"Australia's biggest banks keep getting bigger（澳大利亚最大的银行其规模持续增长）"，如图 6-4 所示。

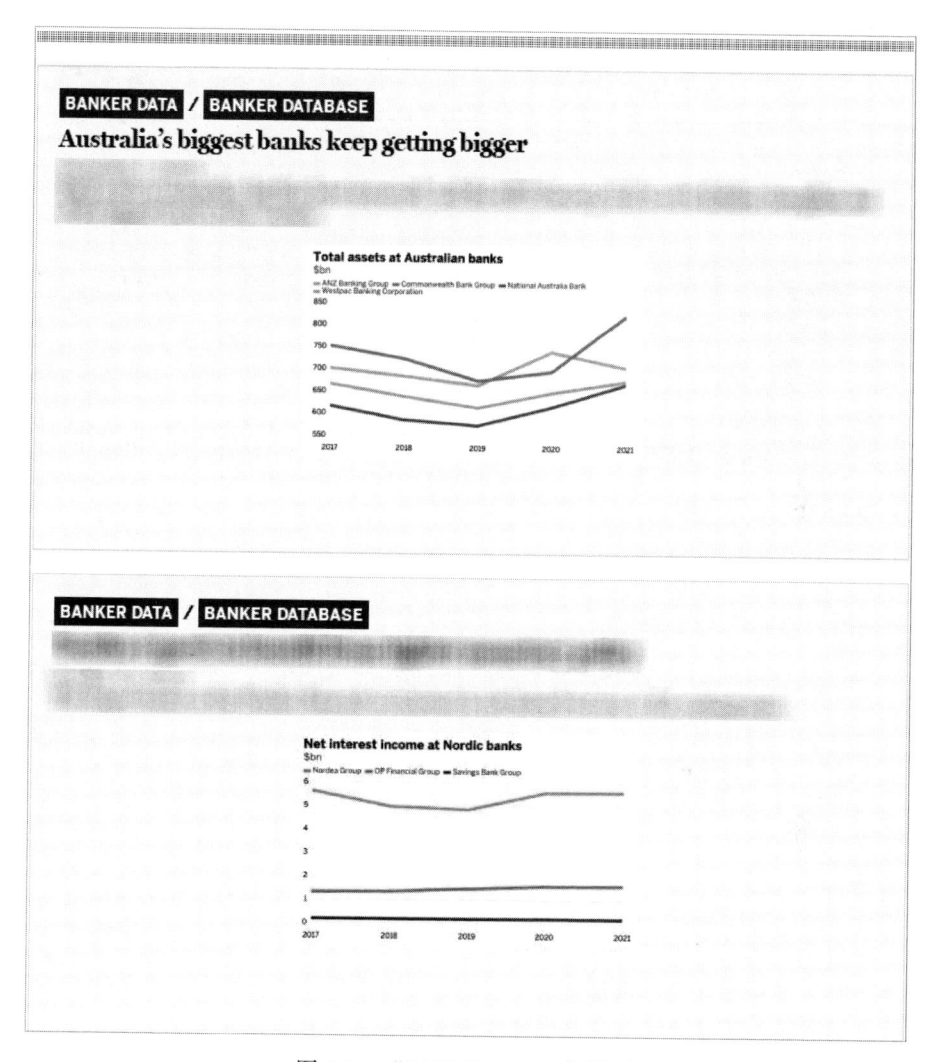

图 6-4 "BANKER DATA"页面

  如果想要直接查看世界银行排名,可在网站首页单击最上方的"THE BANKER DATABASE"超链接,进入数据库页面,如图 6-5 所示,可看到排名前五的银行,分别为中国工商银行、中国建设银行、农业银行、中国银行和摩根大通银行。

Top 5 Banks						
Bank Name	Latest FYE	Tier 2 Capital	Total Assets	Pre-Tax Profits	Capital Assets Ratio	Return on Assets
ICBC		$104,914 m	$5,521,410 m	$66,703 m	9.2	1.0
China Construction Bank		$106,241 m	$4,749,447 m	$59,405 m	8.5	1.0
Agricultural Bank of C...		$102,905 m	$4,563,447 m	$46,449 m	8.3	0.8
Bank of China		$82,435 m	$4,195,041 m	$43,425 m	8.1	0.9
JP Morgan Chase & Co		$28,738 m	$3,743,567 m	$59,599 m	6.6	1.3

（View Ranking 浏览排名）

图 6-5 排名前五的银行

单击"View Ranking（浏览排名）"按钮，可跳转到"Top 1 000 World Banks（2022）"排名页面。

外贸员可以依据排名，查询开证行是否在此之列，根据需要要求对方更换掉没有保障的小银行。

外贸企业最好在签订贸易合同时就约定好"信用证开证行应为该国知名银行或权威银行"。在与落后国家或地区交易时，若该国的银行规模实在不大，可在保兑（confirmed）条件下交易，可约定本国知名银行作为保兑行。

（2）单据取得合理

信用证中要求提交的单据，需由出口商提供，若是进口商故意要求难以取得的单据，出口商很有可能无法获得汇款。最好提前规定好信用证的兑付单据，需特别注意需第三方出具的单据，己方应能够通过申请按时获得。

（3）取消软条款

软条款（soft clause）是信用证中出现的、受益人不容易做到或无把握做到的条款。在实际交易中，都以不可撤销信用证作为依据和保障，进口商可能恶意添加软条款，破坏信用证的性质，将交易风险转嫁到出口商一方。

对此，出口商要注意识别，收到信用证后要立即与合同核对，若是内容有出入，应及时与开证申请人联系并进行修改，这些要在货物登船前办妥。若是货物出运，就为时晚矣。

常见的软条款有三大类，外贸员应有所了解，有助于在实务中进行识别。

◆ 可撤销内容条款

添加了此类条款，不可撤销信用证就"变质"了，出口商未能达到信用证条件时，开证行可单方面解除其保证付款的责任具体如下：

规定"信用证到期地点和有效期均在开证行所在国"，使卖方延误寄单，单据寄到开证行时已过议付有效期"。

规定"收货收据须由开证申请人签发或核实"，若买方拖延验货，将导致信用证失效。

◆ 暂不生效条款

此类条款将出口商放在完全被动地位，何时生产、何时发货都难以确定，需要等待对方通知具体如下：

规定"在开证申请人通知船公司、船名、装船日期、目的港、验货人后，受益人才能进行装船"；

规定"待进口许可证签发后通知生效"；

规定"待申请人确认货样后生效"。

◆ 无金额内容

开出的信用证没办法发生实际的现汇支付，出口商很有可能钱货两空。

第7章

出口退税提高企业效益

出口退税是国家运用税收杠杆奖励出口的一种措施,出口企业通过申报出口退税享受税费优惠,减少经营支出,对企业经营来说是有利的。因此,符合条件的外贸企业应该按时申报出口退税,了解出口退税的基本流程。

7.1 满足出口退税前提

出口退税是指在国际贸易业务中,对我国报关出口的货物退还在国内各生产环节和流转环节按税法规定缴纳的增值税和消费税,即出口环节免税且退还以前纳税环节的已纳税款。出口退税优惠对企业经营来说无疑是有利的,不过要申请退税需要满足一定的条件。

7.1.1 基本的退税条件

作为国际通行惯例,出口退税可以使出口货物的整体税负归零,有效避免国际双重课税,一般分为以下两种:

- 一是退还进口税,即出口产品企业用进口原料或半成品加工制成产品出口时,退还其已缴纳的进口税;
- 二是退还已缴纳的国内税款,即企业在商品报关出口时,退还其生产该商品已缴纳的国内税金。

可以申请出口退税的企业首先要满足四个基本条件,具体如下:

①企业必须具备增值税一般纳税人资质;

②企业具备进出口经营权;

③企业发生了实际的外贸出口业务;

④进行了出口退税申报,并按要求提交了资料;

除了对企业有要求外,办理出口退税的货物必须同时满足以下四个条件,才能进行退税申报。

必须是增值税、消费税征收范围内的货物:增值税、消费税的征收范围包括除直接向农业生产者收购的免税农产品以外的所有增值税应税货物,以及烟、酒、化妆品等11类列举征收消费税的消费品。未征收增值税、消费税的货物（包括国家规定免税的货物）不能退税，按"未征不退"的原则实施退税。

必须是报关离境出口的货物：区别货物是否报关离境出口，是确定货物是否属于退（免）税范围的主要标准之一。出口包括自营出口和委托代理出口两种形式。凡在国内销售、不报关离境的货物，除另有规定者外，不论出口企业是以外汇还是以人民币结算，也不论出口企业在财务上如何处理，均不得视为出口货物予以退税。

必须是在财务上做出口销售处理的货物：出口货物只有在财务上做出口销售处理后，才能办理退（免）税。换言之，出口退（免）税的规定只适用于贸易性的出口货物，而对非贸易性的出口货物，如捐赠的礼品、在国内个人购买并自带出境的货物（另有规定者除外）、样品、展品和邮寄品等，因其一般在财务上不做销售处理，故按照现行规定不能退（免）税。

必须是已收汇并经核销的货物：按照现行规定，出口企业申请办理退（免）税的出口货物，必须是已收外汇并经外汇管理部门核销的货物。

生产企业（包括有进出口经营权的生产企业、委托外贸企业代理出口的生产企业、外商投资企业）申请办理出口货物退（免）税时必须增加一个条件，即申请退（免）税的货物必须是生产企业的自产货物或视同自产货物才能办理退（免）税。

7.1.2 退税依据及计算方式

企业的性质不同，采用的退税依据和计算方式也有差别，具体可分为贸易企业和生产企业，下面分别进行介绍。

（1）贸易企业

外贸企业出口货物应退税额包括增值税和消费税，需要分别进行计算，具体见表7-1。

表 7-1　外贸企业出口货物应退税额计算

应退税额	计税依据	计算公式
增值税	①对出口货物单独设立库存账和销售账记载的，退税依据为购进出口货物的增值税专用发票所列明的进项金额 ②对库存和销售均采用加权平均价核算的，可按适用不同退税率的货物分别确定，退税依据为"出口货物数量×加权平均进价"	应退税额＝增值税专用发票所列进项金额×退税率或征收率
	对出口企业委托生产企业加工，收回后报关出口的，退税依据为购买加工货物的原材料和支付加工货物的工缴费等专用发票所列明的进项金额	原辅材料应退税额＝购进原辅材料增值税专用发票所列进项金额×原辅材料的退税率 加工费应退税额＝加工费发票所列金额×出口货物的退税率 合计应退税额＝原辅材料应退税额＋加工费应退税额
消费税	①凡属于从价定率计征的货物应依外贸企业从工厂购进时征收消费税的价格为依据 ②凡属于从量定额计征的货物应依据购进和报关出口的数量为依据	应退消费税税款＝出口货物的工厂销售额(出口数量)×税率(单位税额)

信息拓展 退税依据是什么

退税依据即为计算应退税额的依据和基数，表现为一定数量的金额，数额越大，退税额相应越多。计算退税金额要先确定退税依据，然后按计算公式计算出结果即可。

（2）生产企业

生产企业的出口货物增值税"免、抵、退税额"应根据出口货物离岸价和出口货物退税率计算。出口货物离岸价（FOB）以出口发票上的离岸价为准（委托代理出口的，出口发票可以是委托方开具的或受托方开具的），若以其他价格条件成交的，应扣除按会计制度规定允许冲减出口销售收入的运费、保险费和佣金等。

若申报数与实际支付数有差额的，在下次申报退税时调整（或年终清算时一并调整）。若出口发票不能如实反映离岸价，企业应按实际离岸价申报"免、抵、退"税。涉及的计算公式见表7-2。

表7-2 生产企业出口货物增值税"免、抵、退"税计算公式

增值税税额		计算公式
免抵退税额		免抵退税额＝出口货物离岸价 × 外汇人民币牌价 × 出口货物退税率－免抵退税额抵减额 免抵退税额抵减额＝免税购进原材料价格 × 出口货物退税率 免税购进原材料＝国内购进免税原材料＋进料加工免税进口料件 进料加工免税进口料件价格（组成计税价格）＝货物到岸价格＋海关实征关税＋海关实征消费税
当期应退税额	当期期末留抵税额≤当期免抵退税额	当期应退税额＝当期期末留抵税额
	当期期末留抵税额＞当期免抵退税额	当期应退税额＝当期免抵退税额
当期免抵税额	当期期末留抵税额≤当期免抵退税额	当期免抵税额＝当期免抵退税额－当期应退税额
	当期期末留抵税额＞当期免抵退税额	当期免抵税额＝0

消费税退税依据为生产企业自营或委托外贸企业代理出口的应税货物，属从价定率计征的按增值税的计税价格为依据；属于从量定额计征的按出口数量为依据，予以免征消费税。

另外，来料加工复出口货物的外销收入属于免税收入，不计算退税额。

信息拓展 了解"当期期末留抵税额"

"当期期末留抵税额"为当期增值税纳税申报表的"期末留抵税额"。期末核算一般纳税人的应纳增值税税额时，本期的进项税额大于本期的销项税额，差额便是期末留抵税额，这部分差额可以放到下期继续抵扣增值税销项税额。

实际的外贸活动中，一般以增值税发票金额直接作为退税依据，可简化为以下计算公式：

退税额 = 增值税发票金额 / （1+ 增值税税率） × 出口退税率

外贸员可通过国家税务总局官网实时查询退税率和征税率。

在首页单击"纳税服务"选项卡，进入纳税服务平台，在"查询"栏中单击"出口退税率查询"按钮，如图 7-1 所示。

图 7-1 纳税服务平台

在打开的页面可以通过商品代码和商品名称查询征税率和退税率，如图 7-2 所示。

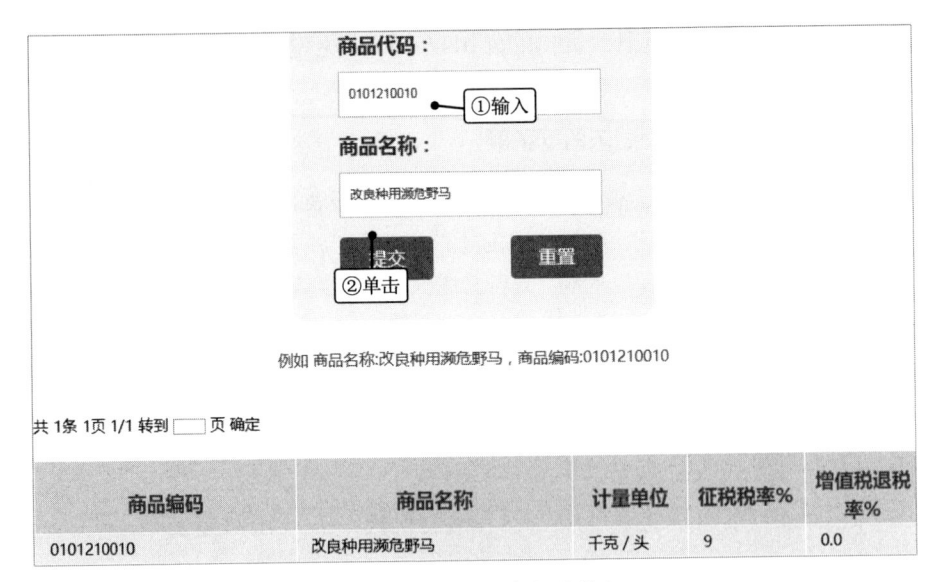

图 7-2 查询征税率和退税率

7.2 如何办理出口退税

外贸员对出口退税业务有一定了解后，对于符合退税条件的企业及货物，可申报出口退税，不仅要按基本的申报流程进行，还要提前做好出口退税备案。

7.2.1 办理出口退税备案

享受出口退（免）税政策的出口企业或其他单位，首次向税务机关申报出口退（免）税，应向主管税务机关办理出口退（免）税备案。企业在办理出口退（免）税备案前需先完成以下事项：

①法定代表人、财务负责人和办税人员均已完成实名信息采集。

②已完成一般纳税人登记（小规模纳税人仅适用免税）。

③用于接收出口退税款的账户已向税务机关进行银行存款账户账号信息备案。

完成以上事项后，纳税人可将备案申请提交当地办税服务厅或电子税务局正式申报。现在网上办理便捷，企业可选择在电子税务局办理，具体操作步骤如下：

通过搜索引擎搜索"××（省/自治区/直辖市）电子税务局"，或者进入国家税务总局官网，在"网上办税"页面选择地区，进入当地电子税务局官网。

如图7-3登录后，通过"我要办税"→"出口退税管理"→"出口退（免）税企业资格信息报告"→"出口退（免）税备案"→"在线申报"→"采集"，进入在线申报页面。

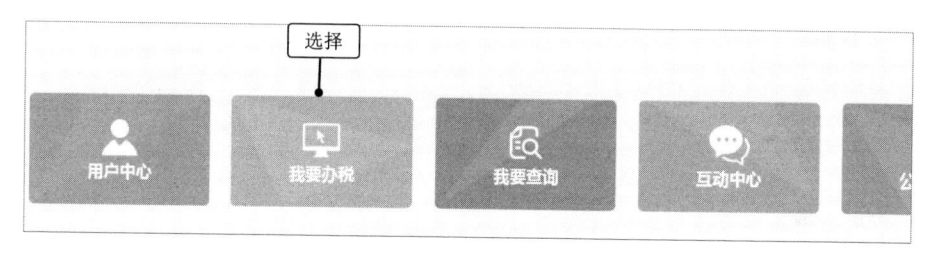

图 7-3 选择"我要办税"

在线填写企业出口退（免）税的有关信息时，需要注意以下几点：

◆ 系统中带"*（红色）"符号的栏次为必填项，要确保填写正确。

◆ 区分企业类型（生产企业或者外贸企业），工贸一体可以备案生产企业或者外贸企业，但是只能选择一种。

◆ 区分退免税计算方法（免抵退或者免退），一般来说，外贸企业选择"免退税"，生产企业选择"免抵退税"，小规模纳税人选择"免税"。

◆ "是否零税率"一栏，货物出口就选"否"；选择"是"，则在计算方式一栏填免抵退。

◆ “退税管理类型”中的“无纸化企业”务必勾选。

◆ “享受增值税优惠政策”“退税管理类型”栏中除“无纸化企业”必须勾选，其他的如不确定，则不要勾选。

填好备案信息后，要先保存再提交。如图 7-4 所示为“出口退（免）税备案表”电子版，外贸员可据此获知基本的填写信息。

出口退（免）税备案表

以下信息由备案企业填写				
统一社会信用代码/纳税人识别号：				
纳税人名称				
海关企业代码				
对外贸易经营者备案登记表编号				
企业类型		内资生产企业（）外商投资企业（）外贸企业（）其他单位（）		
退税开户银行				
退税开户银行账号				
办理退（免）税人员	姓名		电话	
	身份证号			
	姓名		电话	
	身份证号			
退（免）税计算方法		免抵退税（ ）免退税（ ）免税（ ）其他（ ）		
是否提供零税率应税服务		是（ ） 否（ ）	提供零税率应税服务代码	
享受增值税优惠政策		先征后退（ ） 即征即退（ ） 超税负返还（ ） 其他（ ）		
出口退（免）税管理类型				
附送资料				

本表是根据国家税收法律法规及相关规定填报的，我单位确定它是真实的、可靠的、完整的。

经办人：
财务负责人：
法定代表人

（印 章）
年 月 日

以下信息由主管税务机关从税务登记信息中提取					
工商登记	证照号码		法定代表人（个体工商户负责人）	姓名	
	开业（设立）日期			身份证号	
	营业期限止				
	注册资本			电话	
注册地址					
生产经营地址					
联系电话					
纳税人类型		增值税一般纳税人（ ）增值税小规模纳税人（ ）其他（ ）			
登记注册类型			行业		
纳税信用级别			纳税人状态		

以下信息由主管税务机关填写			
主管税务机关代码		主管税务机关名称	
退税机关代码		退税机关名称	
企业分组		分类管理类别	
备案状态			
撤回标识		撤回时间	
其他扩展信息			

附录：提供零税率应税服务代码

序号	代码	名称	子项代码	子项名称
1	01	国际运输服务	01	铁路运输
			02	航空运输
			03	租赁服务
			04	海路运输
			05	公路运输
			06	管道运输
			07	水路运输
2	02	航天运输服务		
3	03	向境外单位提供的完全在境外消费的下列服务	01	研发服务
			02	合同能源管理服务
			03	设计服务
			04	广播影视节目（作品）的制作服务
			05	广播影视节目（作品）的发行服务
			06	软件服务
			07	电路设计及测试服务
			08	信息系统服务
			09	业务流程管理服务
			10	信息技术外包服务（ ITO ）
			11	技术性业务流程外包服务（ BPO ）
			12	技术性知识流程外包服务（ KPO ）
			13	转让技术

图 7-4 出口退（免）税备案表

7.2.2 及时变更退税备案

“出口退（免）税备案表”内容发生变化的，应及时办理备案变更。统一社会信用代码、纳税人识别号、公司名称、地址发生变更的，出口退税系统可自动同步征管系统信息，无需办理出口退（免）税备案变更。

出口退（免）税备案变更同样可在电子税务局在线办理，通过"我要办税"→"出口退税管理"→"出口退（免）税企业资格信息报告"→"出口退（免）税备案变更"→"在线申报"，进入在线申报页面。

按"明细数据采集"→"数据申报"→"申报结果查询"流程办理变更手续。在明细数据采集界面，可以对数据进行采集，同时可以利用筛选条件和功能按钮，对已录入数据进行增、删、改、查等操作，具体操作如图7-5所示。

> 在明细数据采集界面，单击"新建"按钮，打开数据采集页面，根据系统提示录入相关信息，进行数据采集，采集完成后单击"保存"按钮。

> 若需要修改数据，勾选需要修改的变更记录，在明细数据采集界面单击"修改"按钮，打开出口退（免）税备案变更编辑界面，修改相应字段，之后单击"保存"按钮。

> 对需要删除的数据，可在明细数据采集界面单击"删除"按钮，删除不需要的数据。

图7-5 "明细数据采集"页面的采集、修改和删除操作

变更信息后，依次单击"数据申报"和"生成申报数据"按钮，打开"确认生成申报数据"对话框，单击"确认"按钮，可生成申报数据。单击"正式申报"按钮，将数据传入税务机关。另外，勾选已生成的数据，单击"撤销申报数据"按钮，可撤销数据至数据采集界面，进行数据修改。

最后单击"申报结果查询"按钮，待数据转为正式申报后，可在此界面查看申报后的审核状态，审核状态显示为"审核成功"，则说明数据已经正式审核通过。

7.2.3 出口退（免）税备案撤回

出口企业或其他单位存在需撤回出口退（免）税备案情形或者申请注销税务登记时，需向所在地主管税务机关申报电子数据和相关资料，按规定先结清退（免）税款后再办理备案撤回。

企业在申请办理备案撤回时，根据不同情况需要向主管税务机关提供如图 7-6 所示的资料。

○ 办理撤回出口退（免）税备案

"出口退（免）税备案表"，2 份（电子数据 1 份）。

○ 办理撤回出口退（免）税备案时属于合并、分立、改制重组的

①合并、分立、改制重组的"企业撤回出口退（免）税备案未结清退（免）税确认书"，1 份。
②合并、分立、改制重组企业决议，1 份。
③合并、分立、改制重组企业章程，1 份。
④合并、分立、改制重组相关部门批件，1 份。
⑤承继撤回备案企业权利和义务的企业在撤回备案企业所在地的开户银行名称及账号，1 份。

○ 办理撤回出口退（免）税备案时属于放弃未申报或已申报但尚未办理的出口退（免）税的

放弃未申报或已申报但尚未办理的出口退（免）税声明，1 份。

图 7-6　备案撤回所需资料

同样，备案撤回手续也可于电子税务局在线办理，进入当地电子税务局首页，通过"我要办税"→"出口退税管理"→"出口退（免）税企业资格信息报告"→"出口退（免）税备案撤回"→"在线申报"流程，进入出口退（免）税备案撤回信息采集页面。具体步骤见表7-3。

表 7-3　出口退（免）税备案撤回办理步骤

步骤	具体操作
完成明细数据采集	按提示填写"出口退（免）税备案撤回表"，说明撤销事由。注意，办理撤回出口退（免）税备案时属于合并、分立、改制重组的，需要填写"企业撤回出口退（免）税备案未结清退（免）税确认书"，数据采集完毕后进行保存
进行数据申报	单击"数据申报"超链接，单击"生成申报数据"按钮，此时将生成一条申报记录，可在此条记录上单击"资料上传"按钮，根据具体情况上传附件，单击"确认提交"按钮完成附件上传。经核对无误后勾选该条记录进行"正式申报"（该步骤可单击"打印报表下载"按钮对附件进行批量下载,可选Excel或PDF格式）
进行申报结果查询	可在申报结果查询中查看"审核状态""审核流程信息"。当审核状态显示为"审核成功"，则说明数据已经审核通过

7.2.4　出口退税一般程序

企业办理了出口退（免）税备案，便可依据出口业务的实际情况，进行出口退（免）税申报。该项业务同样可以在电子税务局办理。进入当地电子税务局首页，通过"我要办税"→"出口退税管理"→"出口退（免）税申报"，进入出口退（免）税申报页面。

该页面列出了很多业务事项，选择符合企业的申报业务，一般选择"出口货物劳务免退税申报"，单击"出口货物劳务免退税申报"在线申报按钮，进入"智能配单"首页。

进入申报页面后，申报的基本流程为"智能配单"→"明细数据采集"→"退税申报"→"申报结果查询"见表7-4。

表 7-4　出口退税申报的基本流程

基本流程		具体操作
智能配单	基础数据管理——汇率管理、出口货物报关单管理、增值税专用发票管理。（与退税申报有关的主要是"出口货物报关单管理"和"增值税专用发票管理"）	①单击"出口货物报关单管理"超链接，导入报关单（需要登录中国电子口岸下载XML文件） ②导入完成后勾选该条数据，单击"数据检查"按钮，系统弹窗提示汇率配置，输入当期汇率 ③保存后勾选检查通过的数据，单击"报关单生成明细"按钮，根据系统弹窗提示选择对应业务名称，如退税申报 ④确认后跳转至"生成出口明细"页面，填写基本信息，生成对应的出口明细数据 ⑤单击"增值税专用发票管理"超链接，单击"生成进货明细"按钮，筛选对应的进货发票数据，生成对应出口关联号的进货明细数据
	基础数据智能配单——报关单逐项配单、商品品名分类配单。（可自动生成出口进货明细申报表，无须手工录入数据）	方式一： ①单击"报关单逐项配单"超链接，单击对应报关单后面的"配单"按钮，进入智能配单界面 ②单击"选择发票信息"按钮，输入查询条件，选择对应的增值税专用发票，保存后完成配单（可输入发票号码进行查询）
		方式二： ①单击"商品品名分类配单"超链接，输入报关单号，单击"查询"按钮，再输入发票号码，选择对应的增值税发票信息 ②出口进货明细配比平衡调整一致后，单击"提交"按钮完成配单（配单完成的数据会进入出口退税出口明细申报表和出口退税进货明细申报表中）

续表

基本流程	具体操作	
明细数据采集	先录入出口明细	①出口明细除通过智能配单生成外，还可手动录入。在明细数据采集页面，单击"外贸企业出口退税出口明细申报表"超链接，跳转页面后单击"新建"按钮，此时将弹出采集框，采集数据后保存 ②单击"报关单生成明细"按钮，进入"生成出口明细"界面。编辑基本信息，确认后单独生成对应的出口明细数据
	再录入进货明细	①手动录入进货明细，首先单击"外贸企业出口退税进货明细申报表"超链接，单击"新建"按钮，打开数据采集页面，根据系统提示录入相关信息 ②单击"生成进货明细"按钮，筛选对应的进货发票数据，生成对应出口关联号进货明细数据
退税申报		①单击"生成申报数据"按钮，输入申报年月和批次，确认后可生成申报数据 ②勾选已生成的数据，单击"数据自检"按钮。申报状态显示为"已自检" ③单击"正式申报"按钮进行确认，可将数据转为正式申报
申报结果查询		数据转为正式申报后，可在此界面查看申报后的"审核状态"。审核状态显示为"审核成功"，说明数据已经正式审核通过

在办理出口退税的过程中，外贸员需要对附送的资料有一定了解，具体如下：

◆ 出口货物退（免）税申报电子数据；

◆ 免抵退税申报汇总表；

◆ 生产企业出口货物劳务免抵退税申报明细表；

- 出口发票；
- 外贸企业出口退税进货明细申报表；
- 外贸企业出口退税出口明细申报表；
- 增值税专用发票抵扣联或海关进口增值税专用缴款书；
- 主管税务机关要求提供的与出口退税有关的其他材料。

信息拓展 注意电子税务局系统的区别

不同省、市、自治区的电子税务局系统可能会有些微差别，随着时间推移，电子税务局系统也可能更新，界面显示可能与表 7-4 的描述不完全相同，外贸员在实际办理时应依照系统的提示进行操作。

7.2.5 企业应如何进行单证备案

外贸企业在申报出口退（免）税后 15 日内，需将备案单证妥善留存，并按照申报退（免）税的时间顺序，制作出口退（免）税备案单证目录，注明单证存放方式，以备税务机关核查。备案单证见表 7-5。

表 7-5 备案单证

单证种类	具体包括
出口企业的购销合同	出口合同、外贸综合服务合同、外贸企业购货合同和生产企业收购非自产货物出口的购货合同等
出口货物的运输单据	海运提单、航空运单、铁路运单、货物承运单据及邮政收据等承运人出具的货物单据
	出口企业承付运费的国内运输发票
	出口企业承付费用的国际货物运输代理服务费发票等
出口企业委托其他单位报关的单据	委托报关协议、受托报关单位为其开具的代理报关服务费发票等

外贸企业无法取得上述单证的，可用具有相似内容或作用的其他资料进行单证备案。除另有规定外，备案单证由出口企业存放和保管，不得擅自损毁，保存期为5年。企业发生零税率跨境应税行为的，就不用实行备案单证管理了。

外贸企业可以自行选择纸质化、影像化或者数字化方式，留存保管上述备案单证。选择纸质化方式的，还需在出口退（免）税备案单证目录中注明备案单证的存放地点。

税务机关按规定查验备案单证时，外贸企业按要求将影像化或者数字化备案单证转换为纸质化备案单证以供查验的，应在纸质化单证上加盖企业印章并签字声明与原数据一致。

信息拓展 外贸企业申报出口退税期限注意事项

企业当月出口的货物须在次月的增值税纳税申报期内，向主管税务机关办理增值税纳税申报。企业应在货物报关出口之日次月起至次年4月30日前的各增值税纳税申报期内，收齐有关凭证，向主管税务机关办理出口货物增值税、消费税免退税申报。经主管税务机关批准的，企业在增值税纳税申报期以外的其他时间也可办理免退税申报。逾期的，企业不得申报免退税。

7.2.6 出口退税票据遗失怎么办

涉及出口退税的有关票据，无论是申报前，还是申报后，都应该好好保管，以备不时之需。若不慎遗失，外贸员应该如何处理呢？不同的票据，遗失后的处理方式各有不同。

◆ 出口货物增值税专用发票

外贸企业丢失已开具的增值税专用发票发票联和抵扣联的，可凭加盖销售方专用章的相应发票记账联复印件，作为增值税进项税额的抵扣凭证、退税凭证和记账凭证。

外贸企业丢失已开具的增值税专用发票抵扣联的，可凭相应发票的发票联复印件向主管出口退税的机关申报出口退税。

◆ 海关专用缴款书

企业通过互联网与海关或中国国际贸易单－窗口打印海关专用缴款书。

◆ 出口货物报关单（出口退税联）

出口企业丢失出口货物报关单（出口退税联）的，可向主管税务机关申请开具补办出口货物报关单（出口退税联）证明，向海关提出补办申请。出口企业向主管税务机关申请开具补办出口货物报关单（出口退税联）证明时，应提交下列资料：

①"补办出口货物报关单申请表"；

②出口货物报关单（其他联次或通过电子执法系统打印的报关单信息页面）；

③主管退税机关要求提供的其他资料。

◆ 出口收汇核销单（出口退税专用）

出口企业丢失出口收汇核销单（出口退税专用）的，可凭主管退税机关出具的补办出口收汇核销单证明，向外汇管理局提出补办申请。出口企业向主管税务机关申请出具补办出口收汇核销单证明时，应提交下列资料：

①"补办出口收汇核销单申请表"；

②出口货物报关单（出口退税专用或其他联次，或通过口岸电子执法系统打印的报关单信息页面）；

③主管税务机关要求提供的其他资料。

◆ 代理出口货物证明

出口企业丢失代理出口货物证明的，应由委托方先向其主管税务机关申请出具代理出口未退税证明。委托方在向主管税务机关申请办理代理出口未退税证明时，应提交下列凭证资料：

①关于申请出具代理出口未退税证明的报告；

②受托方主管退税机关加盖"已办代理出口货物证明"戳记的出口货物报关单（出口退税联）；

③出口收汇核销单（出口退税专用）；

④主管税务机关要求提供的其他资料。

然后，受托方再向主管税务机关申请补办代理出口货物证明，应提交下列凭证资料：

①关于申请出具补办代理出口货物证明的报告；

②委托方主管退税机关出具的代理出口未退税证明；

③受托方主管退税机关加盖"已办代理出口货物证明"戳记的出口货物报关单（出口退税联）；

④出口收汇核销单（出口退税专用）；

⑤主管退税机关要求提供的其他资料。

信息拓展 **精简出口退（免）税报送资料**

为了进一步便利出口退税的办理，国家税务总局对出口退（免）税的报送资料进行精简。具体如下：

①纳税人办理委托出口货物退（免）税申报时，停止报送代理出口协议副本、复印件；

②纳税人办理融资租赁货物出口退（免）税备案和申报时，停止报送融资租赁合同原件，改为报送融资租赁合同复印件（复印件上应注明"与原件一致"并加盖企业印章）；

③纳税人办理来料加工委托加工出口货物的免税核销手续时，停止报送加工企业开具的加工费普通发票原件及复印件；

④纳税人申请开具"代理出口货物证明"时，停止报送代理出口协议原件；

⑤纳税人申请开具"代理进口货物证明"时，停止报送加工贸易手册原件和代理进口协议原件；

⑥纳税人申请开具"来料加工免税证明"时，停止报送加工费普通发票原件和进口货物报关单原件；

⑦纳税人申请开具"出口货物转内销证明"时，停止报送"出口货物已补税/未退税证明"原件及复印件。

第8章

外贸信用风险防范须知道

外贸企业做出口交易非常怕货物出运后收不回货款，面对无法预知的信用风险，企业必须提前防范，不仅要全方位进行客户背景调查工作，更要建立客户授信制度，并投保信用保险，争取将风险和损失降到最低。

8.1 外贸客户信用风险防范

外贸交易的对象都是其他国家的企业，由于国家政策不同，企业所在地距离过远等原因，导致企业对交易对象难以有深层次的了解，因而产生无法预知的交易风险，尤其是难以估计的信用风险。外贸企业应做两手准备，从不同方面防范风险以减小损失。

8.1.1 客户信用风险分类

信用风险又称违约风险，是指交易对方不履行到期债务的风险。交易对方因种种原因，不愿或无力履行合同条件而构成违约，致使己方遭受损失。信用风险形成的原因主要包括以下四点：

- ◆ 大环境改变：外贸交易的外在环境有很大的不确定性，在一段时间内，国际形势、他国贸易政策及经济都有可能发生改变，直接影响交易对象的信用。

- ◆ 国际公约有待完善：虽然针对国际贸易的各种违约、欺诈行为，国家与地区之间制定了相关法律与公约，但法律法规的约束力有限，国际贸易欺诈活动屡见不鲜，外贸企业难以通过法律为自己挽回损失。

- ◆ 无风险防范意识：企业内部没有专门的风险防范机制，员工也没有风险防范意识，使得各环节沟通不足、"各自为政"，难以掌握全部信息，风险隐患很难被发现。

- ◆ 资信调查马虎：在交易之前对交易对象进行资信调查是不能省略的环节，然而涉及国外客户，鞭长莫及，企业很可能被蒙蔽，摸不清真实状况，从而被骗。

结合以上因素，在外贸交易中，企业可能面临的信用风险类型见表8-1。

表 8-1　客户信用风险的类别

风险类别	具体介绍
坏账损失	坏账损失是指企业未收回的应收账款、经批准列入损失的部分，是外贸企业常面临的信用风险。外贸交易的时间一般较长，可能长达几月，结算方式也充满各种隐患，极易导致账款长时间拖欠，最终难以追回，成为坏账
欺诈	与专门进行外贸欺诈的公司交易，掉进对方的陷阱，导致钱货两空，最终有可能仅找到一个空壳公司
结算方式	利用结算方式的漏洞，在付款之前就提货。外贸企业一定要详细了解各种结算方式的弊端，选择对己方有利的结算方式

8.1.2　签约之前进行客户调查

要与客户进行外贸交易，当然要对客户进行背调，只有全面了解客户信息才能放心与客户达成合作意向，签订交易合约。外贸员主要从以下四大方面入手展开背调工作：

基本信息：企业是否存在以及地址、联系方式、人员和经营年限等基本信息是外贸员首先应该了解的，这些信息是真实的，才能有进一步的合作可能。

组织结构：合作企业的组织结构代表其规模和专业程度，内部岗位划分明确、职责清晰，各项业务才能正常开展，保证企业发展足够稳定，这其中尤其要对企业主要负责人及职位足够了解。

资金周转情况：资金周转正常是决定企业按时付款的直接因素，从资金周转情况可以看出企业的经营方式、盈利情况，这是非常必要的，对负债过多的企业要引起警惕。

生产经营情况：对企业的经营性质、经营方式和营业额全面了解，看其是否适合与本公司合作，也能避免遇到空壳公司的情况。

外贸员可通过制作"客户背调表"来统计有关的信息和资料，以便查看和分析，见表8-2。

表8-2 客户背景调查表

基本信息					
公司名称		国家/详细地址		客户来源	
询盘时间		联系人		邮箱	
其他联系方式		公司录入系统编号			
深度剖析					
公司实力	成立时间		经营模式		
	员工人数		官网链接		
	品牌名称		营业旺季		
	财务状况		主要销售市场		
产品	主营产品		询价产品		
	销售渠道		价格定位		□高端 □中端 □低端
联系人	联系人职位		性格特点		
	回邮件速度		是否具有采购决定权		
付款方式	付款方式		付款速度		□爽快 □迟缓 □为难 □喜欠尾款 □不定
	资信状况				
发展潜力	年度采购频次		年度采购金额		
	相关产品		严格程度		

续表

客户定制	包装方式		合同中的特殊要求	
	检验要求		其他要求	
客户跟进	当前供应商情况，我司占据主体采购份额情况			
	谈判跟进中的难点/问题点（客户最关注的问题是什么？在客户现有产品中，你是否有足够竞争力的产品，比如价格、质量、交期？客户的产品是自有品牌、找人代工，还是销售别人的品牌）			
	产品的使用情况、满意度，联系人对我司的态度，项目配合及实施情况			
	验货要求和客户售后服务要求			
	客户的建议及意见或我司纠正/预防措施（根据客户现有的产品线或者背景，能否提供更好的、有创意的解决方案）			

8.1.3 企业官网全面掌握经营状况

由于需要外贸员统计的信息和资料繁多，因此，外贸员应从不同的渠道入手，汇总各项信息。如果合作企业有官方网站，那么外贸员可从企业官网中获得基本的经营信息，会非常全面，具体包括以下信息：

◆ 基本信息：名称、地址、电话/传真、成立时间、组织结构、员工人数、企业文化和发展历程等；

- 联系人信息：姓名、职位、电话和邮箱；
- 主营业务：经营范围、生产/销售项目、供应链和公司性质（生产、批发、零售）等；
- 其他：新闻动态、社交账号等。

下面通过某企业的网站讲解具体的信息搜寻方式。首先，外贸员需要明白，每个网站都设计了不同的版块来对信息进行分类，外贸员从中能看到网站的基本结构，包括 HOME（主页）、ABOUT US（关于我们）、PRODUCTS（产品）、FAQ（常见问题解答）、JOBS（招聘信息）、CONTACT（联系方式），如图 8-1 所示。

图 8-1　网站设计的版块

通过首页结构和图片展示，外贸员能大概了解该企业基本情况，判断其是否为潜在的合作对象。接着通过首页导航栏可以精准定位到各版块，需要外贸员重点关注的版块分别如下：

ABOUT US：该版块几乎是所有网站都会有的栏目，网站用于向外界介绍自己，因此该部分内容是企业信息的总括，从不同方面介绍企业的关键信息，每个公司的说明重点会有差别。如图8-2所示，介绍了其成立时间（2002年）、企业性质（批发定制窗帘五金）、经营范围（木材、树脂、铝、锌、玻璃和模制塑料生产产品）、公司地址（加利福尼亚州、阿纳海姆）、公司工厂（中国厦门）优势（制造商，可对特殊流程工作报价）和电子邮件。

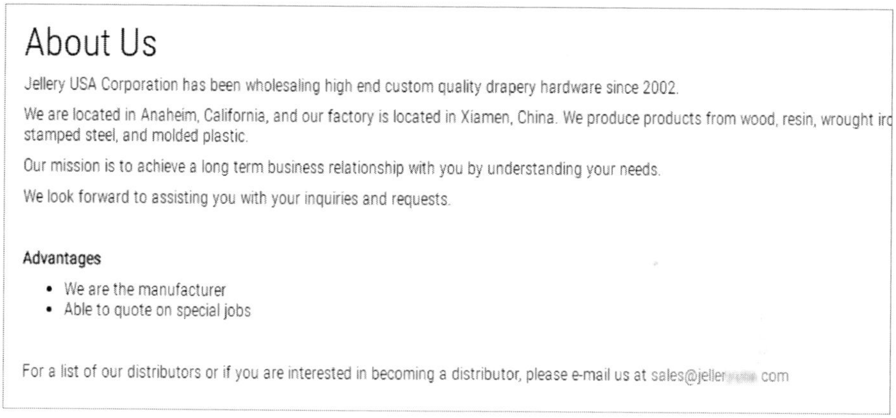

About Us

Jellery USA Corporation has been wholesaling high end custom quality drapery hardware since 2002.

We are located in Anaheim, California, and our factory is located in Xiamen, China. We produce products from wood, resin, wrought iron, stamped steel, and molded plastic.

Our mission is to achieve a long term business relationship with you by understanding your needs.

We look forward to assisting you with your inquiries and requests.

Advantages

- We are the manufacturer
- Able to quote on special jobs

For a list of our distributors or if you are interested in becoming a distributor, please e-mail us at sales@jeller████.com

图8-2 公司基本介绍

CONTACT：该版块有时也设置为"Contact US"，是企业为浏览者提供的联系方式，方便业务拓展，一般包括公司地址、电话、邮箱和传真。如图8-3所示，提供了在线联系和联络信息两种方式，浏览者可直接在网站输入自己的姓名、邮箱、地址、城市、国家、公司名称和简讯，单击提交按钮即可与该公司取得联系；或是按照网站提供的地址、电话和电子邮件联系该公司。

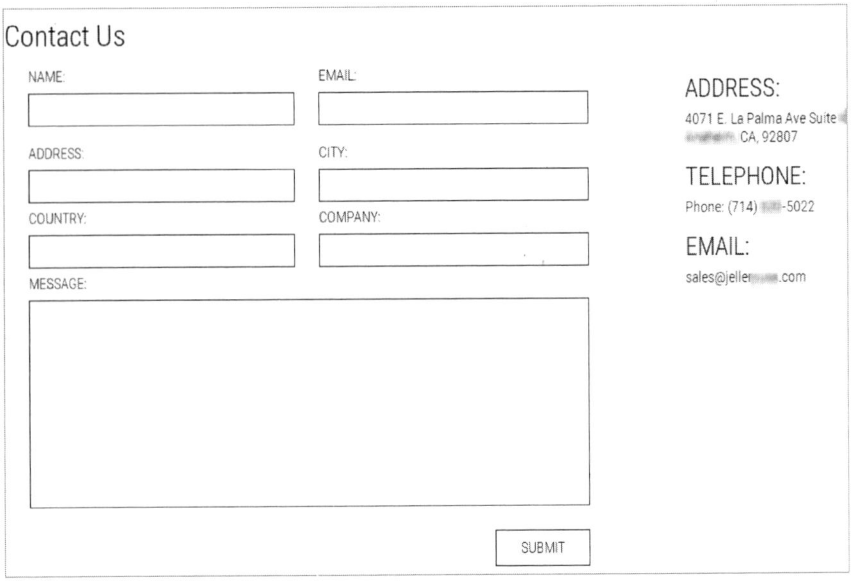

图 8-3　公司联系方式

社交媒体账号：一般网页的页尾部分会向浏览者呈现导航链接、友情链接、著作权声明、联系方式以及社交媒体账号导航。通过获取企业官方社交媒体账号，可以增加外贸员的调查渠道，从其社交媒体发布的信息获得企业更多的资讯。如图 8-4 所示，展示了公司的 Twitter、ins、YouTube 等社交媒体导航链接。

图 8-4　公司社交媒体导航

PRODUCTS：产品界面主要用于介绍该公司的产品（类型和特点）、生产流程和生产设备等信息，外贸员可深入了解该公司的经营产品，判断其产品类别和定价与公司业务是否相符，如图 8-5 所示。

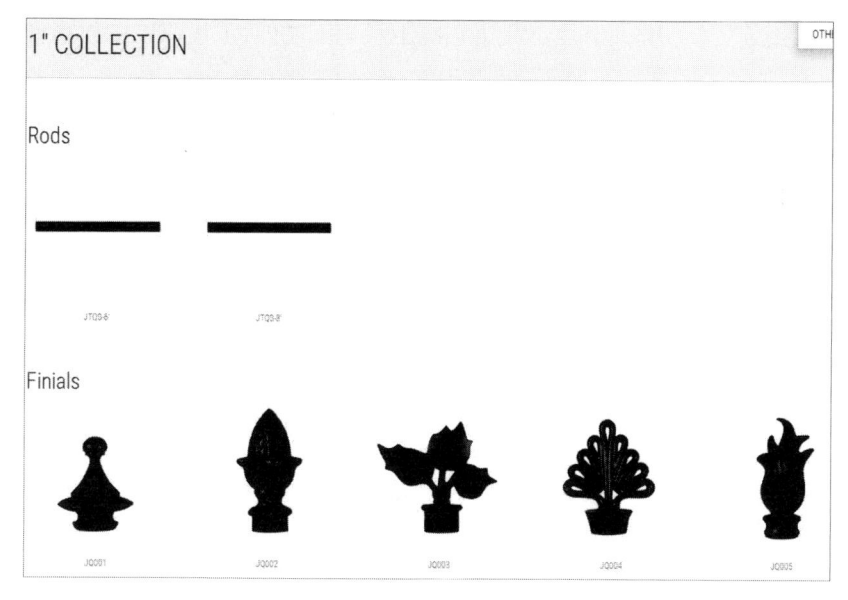

图 8-5　公司产品介绍

除了以上四个版块，规模较大的企业还会在官网公布 CEO 的资讯及联系方式，外贸员可与其 CEO 直接联系，并通过搜索引擎调查 CEO 更多信息。

8.1.4　善用搜索引擎和地图工具

在前面的章节中介绍过"搜索引擎 + 地图"的调查方式，这里简单说明两点，一是搜索关键词的设置，二是利用卫星地图可观全貌。要通过搜索引擎查询与客户有关的资料，有多种灵活的组合方式，具体如下：

创始人 /CEO+ 公司名称

公司名称 +B2B/exhibition/report/import/export/trade

公司名称 +doc/excel/pdf

公司名称 +financial report+ 年份

至于地图工具，一般选择常用的地图导航软件，直接搜索客户公司名称，便能直接定位公司地址，点击左下角的卫星识图功能，即呈现出公司全貌，如图 8-6 所示。

图 8-6　卫星识图功能

滑动屏幕便能旋转画面看到周围环境及街景，就像身临其境一般，以免被凭空而来的公司欺骗，如图 8-7 所示。

图 8-7　客户公司街景全貌

8.1.5 解析官网需要好用的工具

除了从官网中获得企业经营有关的资讯，外贸员还可通过解析官网的域名、网站历史变迁和排名情况来了解网站营销和维护方面的信息，从侧面得知企业的发展历程和实力，以防有的企业临时注册网站域名用于诈骗。外贸员需要用到以下一些解析工具：

◆ Wappalyzer

Wappalyzer 是一款网站分析工具，能够识别网站使用的技术以及构建方式，查看公司信息和联系方式，创建自定义网站列表数据，进行网站监控等。在搜索框中输入需要分析的网址，如图 8-8 所示，就能在结果页看到想要的信息。

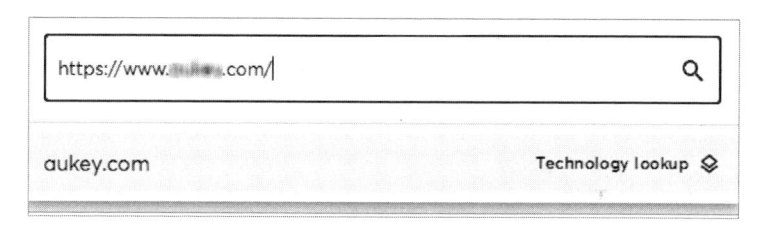

图 8-8　在搜索框中输入网址

◆ who.is

当涉及域名的"WHOIS"查询时，可以选择 who.is 网站，用户通过搜索可以查到有价值的域名信息，包括域名注册商、状态、IP 位置信息、到期日期和 DNS 名称服务器，如图 8-9 所示。

图 8-9　搜索信息

在首页输入网址查询，在结果页可看到网址的注册信息、重要日期（过期日期、注册日期和更新日期）、域名服务器、相似域名以及注册商数据（注册人联系信息、管理者联系信息和技术人联系信息）。

信息拓展 域名是什么？whois 是什么？

域名是一个独特的标识符，由字母或数字组合，用于在数据传输时对计算机的定位标识（有时也指地理位置）。IP 地址和域名一一对应，域名地址信息存放在域名服务器 (DNS) 的主机内，使用者只需了解易记的域名地址，其对应转换工作就交给了域名服务器。

而 whois 是用来查询域名的 IP 以及所有者等信息的传输协议，很多网站都提供了 whois 查询服务，帮助用户解析网址域名。

◆ SCAMADVISER

SCAMADVISER 网站是一个诈骗及钓鱼网站的检测器，可对目标网站进行数据挖掘，查出目标网站的注册信息、用户活跃度和网上评价等，据此得出网站的综合信誉指数。

在网站首页输入需查询的网址，在结果页可以看到网站的信用评分，如这里搜索 ×××.com，信用评分高达 96 分，网站也给出结论——The trust rating is high. Might be safe（信任度很高，应该是安全的），如图 8-10 所示。

图 8-10　网站评分结果

除了一个整体评分，网站还从正面和负面两个方面来评价网站，如图 8-11 所示。

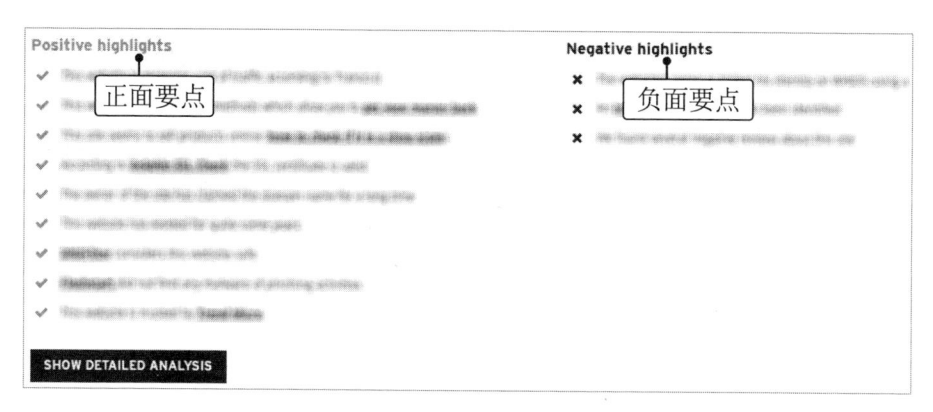

图 8-11　网站的具体评价

◆ similarweb

similarweb 网站是一个免费提供网站排名和竞争性数据分析的网络平台。用户输入域名信息，就可以获取该网站的访问量、排名、流量来源、访问者地理分布以及高频搜索关键词，如图 8-12 所示。

图 8-12　similarweb 官网首页

在首页输入目标网址，进入结果页概览，可以看到该网站的简介、全球排名、国家/地区排名、品类排名和总访问量等总计数据，如图 8-13 所示。

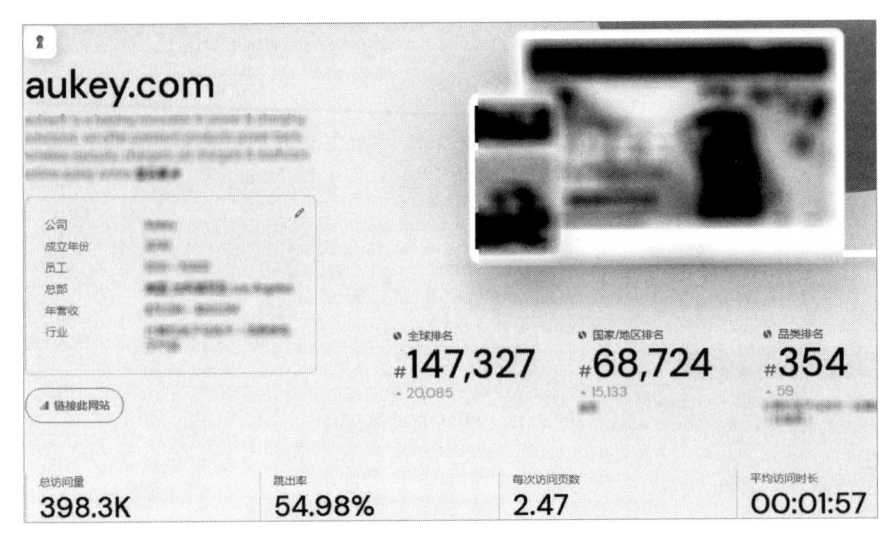

图 8-13　目标网址的总计数据

往下浏览可以看到流量的市场分布，如图 8-14 所示，该网站的前五大流量来自美国、加拿大、日本、德国和意大利等国家和地区。

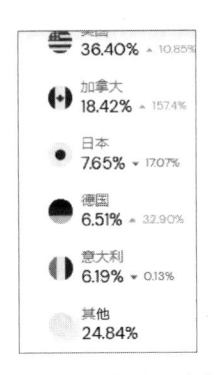

图 8-14　客户主要市场

而通过对网站竞争对手和类似网站的罗列，外贸员可寻找到其他符合交易条件的客户，对于外贸企业开发新客户有很大帮助，如图 8-15 所示。

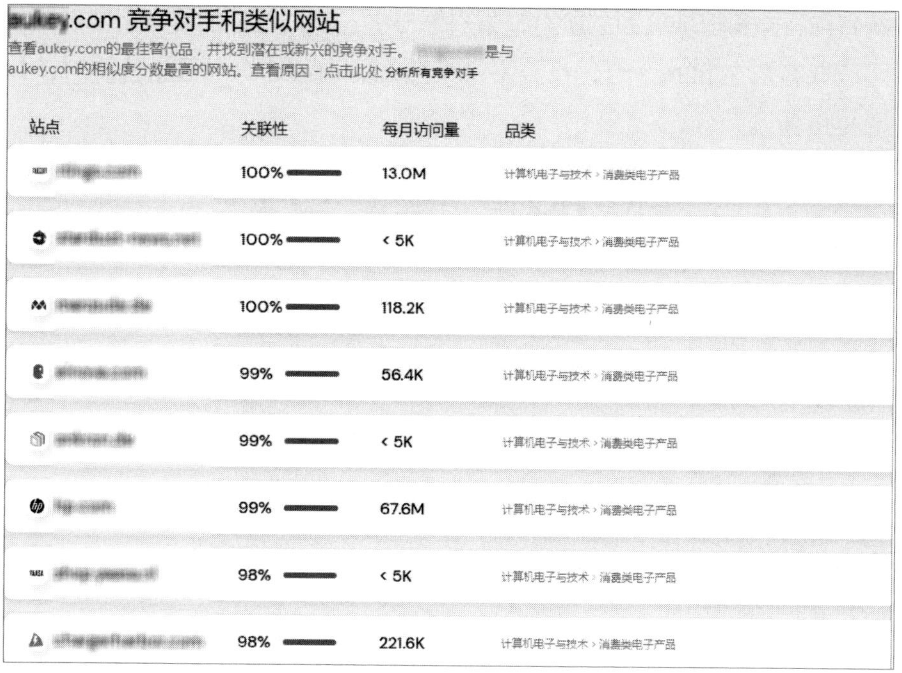

图 8-15 类似网站的罗列

8.1.6 邮箱反查一查到底

邮件往来是外贸交易中非常频繁的活动，通过邮件，买卖双方可以完成询盘报价、下订单、催货催款和日常问候等一些事项，因此邮箱的真实可靠性便尤为重要。

作为外贸从业者一定要重视邮箱反查，验证电子邮件地址的有效性，具体可用到以下一些工具。

◆ 邮箱反查—懒人工具

福步外贸论坛平台为用户提供了一个邮箱反查工具，在首页上方单击"懒人"超链接进入"懒人外贸开发工具"页面，在下方的参考工具栏中单击"邮箱反查工具"超链接，在"一键输入"栏中输入邮箱地址，系统自动将邮箱地址填列到所有搜索引擎框中，单击对应的搜索引擎按钮，可获取客户在 B2B 平台、社交平台上发布的询盘信息以及企业资料，如图 8-16 所示。

图 8-16　邮箱反查—懒人工具页面

◆ Verify Email Address

Verify Email Address 网站专注于电子邮件验证服务，现已扩展到邮件批量查找服务。

◆ emailable

emailable 网站是一个实惠、快速且友好的电子邮件验证平台，被 170 多个国家或地区的 1 000 多个前瞻性团队的信任和使用。

◆ NeverBounce

NeverBounce 提供市场上准确性高的电子邮件验证，将数据安全性放在首位，用户超过 125 000 名，帮助用户联系他们的客户。

信息拓展　社交账号查询

现在社交媒体发达，客户的社交账号能透露一些官方资料难以呈现的信息。国外市场中，常用的社交账号包括 LinkedIn（领英）、Twitter（推特）、Instagram（照片墙）、Youtube 和 TikTok（抖音海外版）等，其中 LinkedIn 是职场人士最为青睐的社交平台。

8.1.7 专业的背调公司省心省时

很多公司为了确保万无一失，会找专业的背调公司对客户进行详细调查，这样可减轻外贸员的负担，让其投入到客户开发、备货出运等更烦琐关键的工作中去。而且，专业的背调手段比外贸员各处搜集资料更加权威、全面。

市面上的背调公司有很多，外贸企业依据价格、服务、创立年限和客户评价，选择合适的即可。如图8-17所示可以看到背调公司提供了邮箱背调、网站背调、企业名称背调、查注册信息和信用报告等多种服务。

图8-17 背调公司提供多种查询服务

除此之外，还为外贸人员的客户开发保驾护航，提供了多种外贸开发事宜中需要的客户背调服务，如图8-18所示。

总之，市面上的背调公司，其服务能够满足外贸企业各种调查需求，外贸员选择一家长期合作会更加便捷。

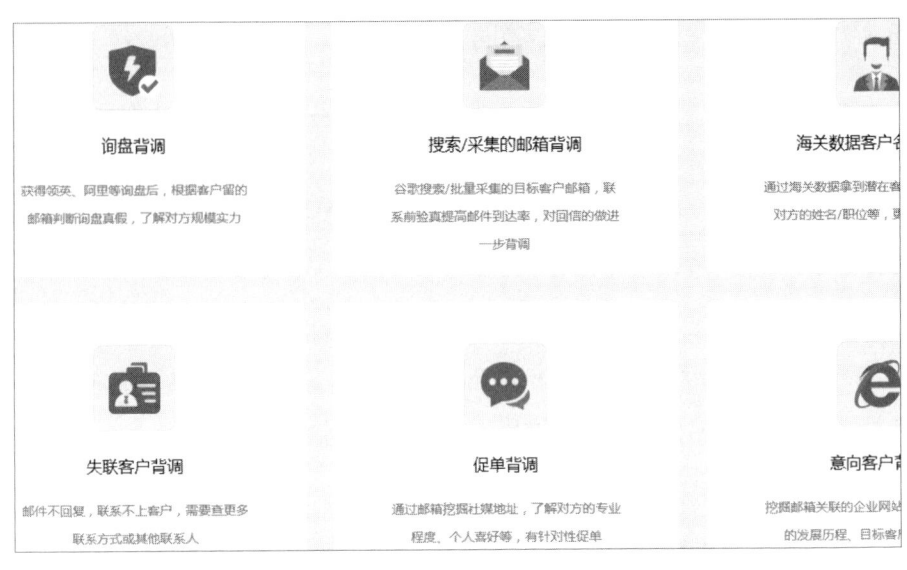

图 8-18 客户背调服务

8.1.8 建立客户授信制度

为了加快背调的流程，提高背调效率，企业应该建立客户授信制度，收集、记录和整理每个潜在客户、交易客户的资料，尤其是资信状况，在分析之后，对客户信用打分，这样以后再有交易的可能时，只需搜索公司数据库，便能快速得到客户的信用评级，不用急急忙忙开展一系列背调工作。

那么，授信制度一般包括哪些重要内容呢？外贸员制定授信制度时注意要点，见表 8-3。

表 8-3 授信制度的要点内容

要点	具体介绍
信用标准	设置信用标准，符合企业最低信用标准的客户才与之交易，信用标准往往与合作记录、结算时间和产生坏账等因素有关。当然，信用标准不应该太苛刻，这样企业会丧失很多交易机会，失去创造利润的条件和机会

续表

要点	具体介绍
交易方式	不同信用等级或信用标准的客户，企业应采取不一样的交易方式，以提高自身的竞争力，如信用等级高的客户可以采用汇付结算，在到货后一个月内付款；对信用等级稍差的客户，可用现金折扣（如客户3天内付清款项可获得5%的优惠）予以奖励
应收款项处理	如果出现客户未及时付清款项的情况，面对信用较好的客户，可设置催收信、警告及法律途径这样循序渐进的催收方式；面对信用一般的客户，催收方式便以直接为原则，一步到位，以免收不回账款

下面是某公司制定的"客户资信管理制度"，外贸人员可参考其内容和结构，结合本公司的实际情况，编制适合自身的授信制度。

一、目的

为了集中、统一掌握客户信用信息，全面准确地评估、预测客户的资信能力和信用风险，从而保证本企业各项交易决策具有科学依据，并不断改善客户资源的质量，特制定本制度。

二、适用范围

制度适用于本公司客户资信管理工作。

三、定义

3.1 信用信息：指记录、代表或反映客户信用状况的各类信息。

3.2 信用等级：指依据一定方法和标准对客户的信用程度作出的评估。

3.3 资信调查：指专门机构对客户的信用信息和资信状况进行的全面调查，资信调查的结果通常被编制成资信报告。

3.4 客户：指所有与本企业有进出口业务往来的经济实体。

四、客户信息管理

4.1 公司财务部与业务部负责客户信息的汇总、整理。

4.2 公司建立客户档案，并编制客户一览表供查阅。

五、客户档案建立

5.1 每发展、接触一个新客户，均应建立客户档案户头。

5.2 客户档案符合标准化、规范化的原则，内容包括如下：

5.2.1 客户基础资料：最基本的原始资料，即客户名称、地址、电话、所有者、经营管理者和法人代表等资料。这些资料是客户管理的起点和基础，由业务部开发人员收集而来。

5.2.2 客户特征：主要包括市场区域、销售能力、发展潜力和经营方向等。

5.2.3 业务状况：包括客户的销售实绩、市场竞争力和市场地位、与本公司的业务关系和合作情况。

5.2.4 交易现状：主要包括客户的经营现状、未来展望、公司声誉、账务状况及信用状况等。

5.3 根据客户信息档案、历史交易记录、年交易额等，对客户实行分类管理，划分为A、B、C、D四类。具体分类标准如下：

5.3.1 A类客户：商业信誉良好，严格执行外贸交易合同，货款支付周期及时稳定。

5.3.2 B类客户：无不良商业信誉记录，基本能按合同执行，货款支付周期较长，偶尔需主动催款。

5.3.3 C类客户：业务量占公司总业务量比例很小，但又必须保持业务往来关系，必须采取款到提货的交易方式。

5.3.4 D类客户：产生遗留拖欠货款，必须及时清欠的客户。

5.4 签约时要对外贸交易合同的各项条款进行逐一审查核对，合同的每一项内容，都有可能成为日后产生信用问题的凭证，合同是解决应收账款追收的根本依据。

六、客户档案的更新、修改

6.1 客户单位的重大变动事宜、与本公司的业务交往，均需要记入客户档案。

6.2 积累客户年度业绩和财务状况报告。

七、公司各部门与客户接触的重大事项，均须报告信息部（除该业务保密外），不得局限在业务人员个人范围内。

八、员工调离公司时，不得将客户资料带走，业务部门会同信息部将其客户资料接收、整理、归档。

九、建立客户信息查阅权限制，未经许可，不得随意调阅客户档案。

十、客户管理

10.1 接待客户，按公司对外接待办法处理，对重要的客户按贵宾级别接待。

10.2 与客户的信函、传真、电话交往，均应按公司各项管理办法记录在案，并整合在客户档案内。

10.3 对一些较重要、未来将发展的新客户，公司要有两个以上的人员与之联系，并建立联系报告制。

10.4 负责与客户联系的员工调离公司时，应由公司及时通知有关客户，并指派其员工顶替调离员工迅速与客户建立联系。

8.1.9 做好应收账款管理

外贸员按照交易合同发货后，便要时时监控钱货的情况，尤其是到货后迟迟未收到钱款的情况，一旦发生便要提高警惕，尽快采取措施收回应收账款。

应收账款管理是信用管理的重要组成部分，企业内部也该做好应收账款的管理工作，采用系统的方法和科学的手段，对应收账款回收全过程进行有效管理。与之相关的外贸人员和财务人员要肩负及时收回应收账款的责任，降低和避免信用风险。具体可采取以下措施进行应收账款管理：

交易档案的建立：货物出运后，该项交易便进入后续的工作环节，外贸员需要处理应收账款、质量不佳、数量短缺和延迟到货等可能发生的情况，需要提前建立交易档案，以备不时之需。外贸员可将发票、外贸交易合同、各项单据及客户资料收集整理，制成档案，以便有关人员查询、使用。

预估到货日期：外贸员事先对到货日期进行预估，在即将到货时与客户联系，提醒客户按时取货，检查货物是否有短缺或质量问题，随时保持联络，并询问钱款进度。

了解货物情况：到货后，与客户联系，询问其对货物是否满意，货物的各项情况是否正常，是否顺利提货。客户若有意见，及时处理其提出的问题，记录异常状况。

提醒客户按期付款：到货后，外贸员便要提醒客户按合同约定付款，告知对方付款到期日，了解其是否有按期付款的意愿与条件，及时作出反应。

催收货款：过了付款日期还未收到款项，外贸员就要催促客户付款，了解其是否汇出货款，询问未付货款的原因，提出解决办法。

上报应收账情况：客户迟迟不付款，外贸员除了频繁催收外，还要及时将具体情况报告给上级领导，请求上级领导给予支持，判断是否更改客户信用评级，按照对应催收方式展开货款催收。

进入催收流程：对于催收无果的客户，企业便要走法律途径维护自身权益，可通过发出律师函，提起诉讼收回款项。

8.2 购买出口信用保险

除了内部设置风险防范措施外，外贸企业还可通过投保出口信用保险降低损失。出口信用保险是指信用机构对企业投保的出口货物、服务、技术和资本的出口应收账款提供安全保障机制，是国家为了推动本国的出口贸易，保障出口企业的收汇安全而制定的一项由国家财政提供保险准备金的非营利性的政策性保险业务。

8.2.1 了解出口信用保险

出口信用保险以出口贸易中国外买方信用风险为保险标的，保险人承保国内出口商在经营出口业务中因进口商方面的商业风险或进口国方面的政治风险而遭受的损失。

①商业信用风险主要包括买方因破产而无力支付债务、买方拖欠货款和买方因自身原因而拒绝收货及付款等。

②政治风险主要包括因买方所在国禁止或限制汇兑、实施进口管制、撤销进口许可证、发生战争、暴乱等卖方、买方均无法控制的情况，导致买方无法支付货款。

出口商投保出口信用保险一定要遵循以下三大原则：

- ◆ 最大诚信原则，即投保人必须如实提供项目情况，不得隐瞒和虚报；
- ◆ 风险共担原则，其赔偿比率一般为 90% 左右；
- ◆ 事先投保原则，即保险必须在实际风险有可能发生之前办妥。

出口信用保险一般可分为短期信用保险和中长期信用保险。

（1）短期信用保险

出口信用保险为以信用证、非信用证方式从中国出口的货物或服务提供应收账款收汇风险保障。承保业务的信用期限一般为一年以内，最长不超过两年。最高赔偿比例为 90%，有的甚至可以达到 100%。承保风险见表 8-4。

表 8-4 短期信用保险的承保风险

承保风险	具体介绍
商业风险	①买方破产或无力偿付债务 ②买方拖欠 ③买方拒收 ④开证行破产、停业或被接管 ⑤单证相符、单单相符时开证行拖欠或在远期信用项下拒绝承兑
政治风险	①买方或开证行所在国家、地区禁止或限制买方或开证行向被保险人支付货款或信用证款项 ②买方所在国家、地区禁止买方购买的货物进口，撤销已颁布发给买方的进口许可证或不批准进口许可证有效期的展延 ③买方或开证行所在国家、地区发生战争、内战、叛乱、革命或暴动，导致买方无法履行合同或开证行不能履行信用证项下的付款义务 ④买方或开证行所在国家、地区或者付款须经过的第三国颁布延期付款令，致使买方无法还款

（2）中长期信用保险

中长期信用保险为金融机构、出口企业或融资租赁公司收回融资协议、商务合同或租赁协议项下应收款项提供风险保障，承保业务的保险期限一般为 2～15 年。赔偿比例高达 90%～95%，承保风险见表 8-5。

表 8-5 中长期信用保险的承保风险

承保风险	具体介绍
商业风险	债务人宣告破产、倒闭、解散或拖欠商务合同或贷款协议项下的应付款项
政治风险	①债务人所在地政府或还款必经的第三国（或地区）政府禁止或限制债务人以约定货币或其他可自由兑换货币偿还债务 ②债务人所在地政府或还款必经的第三国（或地区）政府颁布延期付款令，致使债务人无法还款 ③债务人所在地政府发生战争、革命、暴乱或保险人认定的其他政治事件

8.2.2 投保出口信用保险的基本流程

据商务部研究院调查，中国出口企业的坏账率约为 5%，每年就损失 400 亿美元，损失率是发达国家平均水平的 10~20 倍。出口商投保出口信用保险是百利而无一害的，一般选择中国出口信用保险公司进行投保。

目前，中国出口信用保险公司提供的产品和服务包括以下几种：

- ◆ 短期出口信用保险：保障信用期限在一年以内的出口收汇风险；
- ◆ 中长期出口信用保险：保障信用期在 2～15 年的出口收汇风险；
- ◆ 投资保险：为跨境投资活动提供风险保障；
- ◆ 担保业务：旨在为企业提升信用等级，帮助企业解决出口融资困难；
- ◆ 中小企业综合保险：承保中小型企业出口的收汇风险；
- ◆ 外派劳务信用保险：提供对外劳务合作相关风险保障；
- ◆ 保险融资服务：解决出口企业资金需求，加速企业的资金周转；
- ◆ 资信评估服务：提供包括海内外企业、行业调查报告在内的各种信用管理咨询服务。

企业应选择适合自己的保险服务进行投保，对于短期出口信用保险和中长期出口信用保险这两种被普遍选择的信用保险，外贸员应该清楚投保流程。不过，这两大信用保险的投保流程有较大差别，具体如图 8-19 和图 8-20 所示。

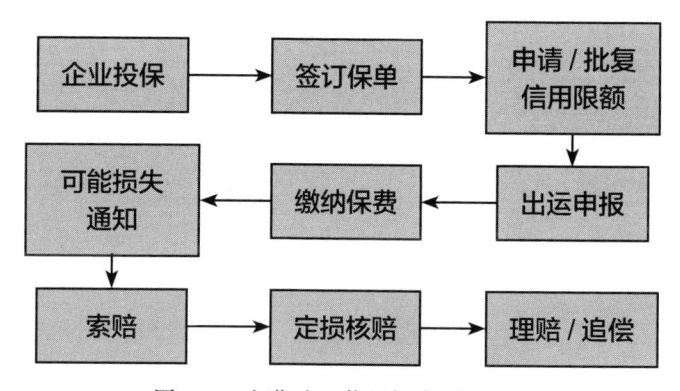

图 8-19　短期出口信用保险投保流程

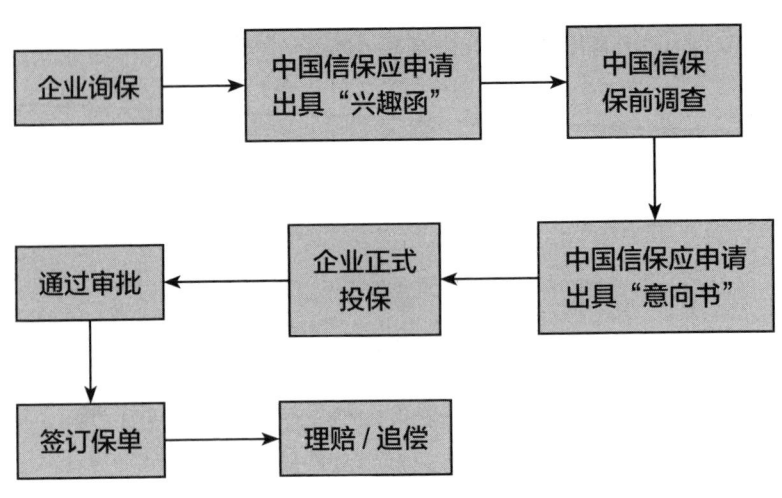

图 8-20　中长期出口信用保险投保流程